ENTREPRISES ET SYNDICATS EN RDA

Collection « Pays de l'Est »
dirigée par Bernard Chavance
et Gérard Roland

DANS LA MÊME COLLECTION

Gérard Roland, *Economie politique du système soviétique*, 1989.

Wladimir Andreff (éd.), *Réforme et échanges extérieurs dans les pays de l'Est*, 1990.

Pierre Dubois, Jenö Koltay, Csaba Mako, Xavier Richet (éds.), *Innovation et emploi à l'Est et à l'Ouest : les entreprises hongroises et françaises face à la modernisation*, 199û.

Jacques Sapir (éd;), *L'URSS au tournant — Une économie en transition*, 1990.

ISBN : 2-7384-0902-4

François BAFOIL

ENTREPRISES ET SYNDICATS EN RDA

(Une histoire de l'émulation socialiste)

Publié avec le concours du Programme franco-allemand du CNRS

Éditions L'Harmattan
5-7, rue de l'École-Polytechnique
75005 Paris

Du même auteur :

Le pouvoir nu (en collaboration avec Nicole FRATELLINI et Thomas LOWIT) Paris, Syros, 1984, 226 pages.

Le cas M. La crise des relations professionnelles dans une entreprise polonaise aujourd'hui, Paris, Institut d'Etudes Slaves, 1988, 170 pages.

L'Ere Honecker, (numéro spécial placé sous la responsabilité de l'auteur), *Revue d'Etudes Comparatives Est-Ouest*, Paris, CNRS, vol. 20, 1989-4, 175 pages.

Remerciements

J'adresse mes remerciements à la Direction Scientifique des Sciences de l'Homme et de la Société du CNRS, en la personne de Monsieur Jacques LAUTMAN, pour m'avoir autorisé à séjourner à Berlin-Ouest depuis 1988 et soutenu dans mon travail.

Ce travail n'aurait pu être réalisé sans l'aide constante de Monsieur Hartmut ZIMMERMANN qui m'a accueilli au sein du Laboratoire de recherche et d'archives de la RDA qu'il dirige à l'Université Libre de Berlin. C'est tout particulièrement grâce à la Fondation ALEXANDER von HUMBOLDT que je dois d'avoir pu y travailler dans les meilleures conditions.

J'adresse également mes remerciements à deux institutions pour l'aide matérielle qu'elles m'ont apportée : le Programme Franco-Allemand du CNRS et le Wissenschaftszentrum Berlin für Sozialforschung.

Ma reconnaissance va aussi à Madame Huguette ALLINE pour la mise en page du manuscrit.

En hommage à Jean-Daniel REYNAUD
Professeur au Conservatoire National des Arts et Métiers

Camarade Ministre :

Et comment c'est dans les entreprises, à quoi ça ressemble ? Quelle est l'ambiance ?

Camarade Major-Général Hähnel :

Pour l'heure, c'est une question franchement compliquée, Camarade Ministre.

Camarade Ministre :

C'est une question très simple. C'est une question de pouvoir, un point c'est tout.

Document de la STASI. Extrait de la réunion du 31 août 1989, tenue en présence du Ministre de la Sécurité d'Etat, Erich Mielke, in *Deutschland Archiv*, 1990/4, p. 613.

INTRODUCTION

Ce qui ne laisse pas de surprendre dans la fin de la RDA, c'est non seulement la rapidité de son effondrement mais sa radicalité. Pas une institution, pas un type de comportement dont le gouvernement d'hier pouvait s'enorgueillir comme le fruit d'une évolution historique réussie n'a pu supporter le choc d'une confrontation - ô combien brutale, il est vrai - avec la réalité de la RFA. Ce qui semblait être le modèle le plus achevé de l'ordre socialiste, la fierté des démocraties populaires, s'est effondré d'un seul coup d'un seul, comme si la mathématisation à l'extrême des cadres de l'action n'avait finalement reposé que sur du sable ; plus exactement, comme si cela n'avait joué le rôle que d'une contrainte externe sans autres effets historiques, psychologiques ou collectifs que ceux d'un environnement vague et abstrait.

- Or, quelle fut la réalité des organisations qui encadrèrent et mieux encore, promurent, dans une certaine mesure, l'action collective ? Comment comprendre que cet effondrement s'enracine dans le fonctionnement interne de ces organisations et dans l'incapacité qui fut la leur de se renouveler et plus encore de répondre à une demande extérieure inédite, en provenance de la RFA? A cet égard, si l'on doit parler d'éléments exogènes de la crise, nul doute que cela renvoie d'abord à la faillite propre d'un système politique, économique et social dont la notion d'émulation socialiste devait traduire l'excellence.

- Quelle fut, en second lieu, l'efficacité historique de ces constructions élaborées au cours du temps comme reprise incessante du dogme léniniste initial mais, en même temps, réponse relativement pertinente à des situations historiques précises ? En ce sens, pour aussi figées qu'elles aient pu apparaître dans le respect de normes idéologiques forgées ailleurs, en URSS principalement, elles n'en disposaient pas moins d'un certain degré de performance, ne serait-ce qu'en regard du niveau de vie atteint en RDA.

Ce sont à ces questions que nous allons essayer de répondre dans cet ouvrage en suivant les différentes étapes de l'émulation dans l'entreprise.

Ce qui caractérisait avant tout la RDA c'était une élaboration quasiment obsessionnelle d'un modèle organisationnel qui, dans l'optique de ses concepteurs, devait assurer un mouvement social parfait où l'emboîtement précis des actions de chacun aurait suffi à garantir la transmission sans perte des ordres supérieurs, l'obéissance de tous et finalement la reproduction incessante du système. Dans cette vision, un concept avait acquis force de loi : l'émulation socialiste. Il renfermait tout ce qui pouvait caractériser l'originalité socialiste et, qui plus est, est-allemande: une théorie des rapports de production, une théorie des comportements et enfin, une théorie de la société.

Parce que cette notion d'émulation, dont le contenu léninien était somme toute pauvre, devait s'avérer chez les Allemands porteuse de l'action collective tout entière, elle apparut comme l'achèvement ultime d'un modèle de développement social, et c'est elle qu'ils élaborèrent quarante ans durant. Les idéologues de RDA s'inscrivirent ainsi dans leurs déductions ultimes un canevas de l'action assez flou, élaboré dans les premiers mois de la révolution d'Octobre, et, rarement ailleurs en Europe de l'Est, il y eut pareille théorisation des organisations. La RDA n'avait d'ailleurs d'autre alternative que d'être le meilleur représentant de l'orthodoxie dans le bloc[1]. Ceci impliquait qu'elle en montrât toujours davantage le bien-fondé, la performance et l'actualité quand bien même il apparaissait aux yeux de nombreux observateurs que ce modèle était incapable de se renouveler. La formalisation à outrance des procédures internes des organisations et la constitution d'un ensemble social presque totalement interconnecté en fut la conséquence. Ceci aboutit à l'exercice sur les citoyens d'une contrainte extrêmement pesante dont le rejet en masse par les émigrants de l'été 89 fut la preuve éclatante.

---

[1] Sur ce point de l'orthodoxie de la RDA et plus particulièrement du SED, voir l'article de Sigried MEUSCHEL, "Le S.E.D. : du stalinisme vers la démocratie ou vers la Nation ? " in *La Revue d'Etudes Comparatives Est-Ouest*, vol. 20, 1989, n° 4, pp. 47-68.

Deux explications pouvaient être données de ce que Lénine entendait par émulation : le sens étroit renvoyait à un essai de systématisation de quelques énoncés simples pour stimuler les efforts des travailleurs en vue de l'accroissement de la productivité individuelle au sein d'un collectif[1]. Cela s'appuyait sur les recettes de la publicité donnée au travail exemplaire, source d'imitation pour les collègues de travail, sur les récompenses accordées aux meilleurs éléments de l'équipe et sur l'échange incessant des expériences. Les premières ébauches, avec le mouvement stakhanoviste des années 48-49, sont largement tributaires de cette vision étroite. Or ceci n'aurait pas suffi, à proprement parler, à différencier cette méthode de celle proposée par les capitalistes pour accroître le rendement. Ce qui caractérisait, en fait, cette approche aux yeux de son auteur et de ses émules est-allemands, c'est qu'elle faisait référence à un cadre donné : l'entreprise socialiste. Elle seule était à même d'autoriser un comportement offensif car libre, à leurs yeux, puisqu'elle seule réalisait enfin l'unité entre l'homme et son environnement que le capitalisme avait rompue. L'émulation, de ce fait, devenait une propriété des organisations qu'actualisaient les travailleurs dans leur action et au travers d'institutions représentatives précises.

Dans les premières années du régime et jusqu'à la construction du Mur de Berlin au mois d'août 1961, l'enthousiasme individuel et collectif fut posé comme le principe même de la cohérence sociale et le ressort essentiel de la stabilité politique. Comme nous allons le voir dans notre première partie, qu'il s'agisse du stakhanoviste Hennecke (1er chapitre) ou des différentes formes de brigades qui virent le jour dans les années 50 (2e chapitre), la conviction de l'excellence du modèle socialiste que devait éprouver chaque travailleur constitua l'enjeu des politiques dans l'entreprise. La restitution de cette intime certitude, fût-ce au moyen de la contrainte, fonda maintes pratiques d'autocélébration du régime et entraîna tout un jeu de récompenses, de primes, de classements. Or, la fermeture des frontières durant l'été 61 marqua l'échec partiel de cette tentative. Les luttes avaient été incessantes dans l'atelier mais également au sein des organisations syndicales. Un changement s'imposa et il passa d'abord par l'enfermement à l'intérieur des frontières.

---

[1] Voir en allemand l'ouvrage *Die grosse Initiative* qui regroupe les textes suivants de Lénine : Comment doit-on organiser l'émulation ? in *La Pravda*, 24-27.12.1917 ; "La grande initiative, 28.6.1919, Economie et politique à l'époque de la dictature du prolétariat" in : *Izvestsia* 7.11.1919. Ces textes ont fait l'objet de réimpressions continues en RDA.

Cela signifie-t-il que le but devait être modifié ? En aucun cas. La volonté de réaliser le communisme intégral fut plus que jamais à l'ordre du jour. Mais les moyens choisis se voulurent plus appropriés, plus efficaces, en un mot, plus scientifiques.

La période qui s'ouvrit avec la construction du Mur de Berlin fut placée sous le signe de la Science et de la Technique. La hiérarchie des acteurs institutionnels (parti communiste et syndicats en tête) demeura pratiquement inchangée. Mais l'organisation interne et externe des entreprises fut corrigée dans le sens d'une plus grande hiérarchisation, l'intégration des travailleurs aux différents collectifs fut renforcée, les charges des syndicats accrues. L'ère Honecker marqua l'apogée, comme nous le verrons dans la seconde partie, de cette volonté de contraindre les lieux de l'action vers un formalisme toujours accru.

Dans cette nouvelle optique, l'optimalité des organisations et des comportements dut dériver du degré de centralisation des ensembles considérés. Le modèle mathématique recherché était simple. Il visa à toujours plus de rigueur et d'unité entre l'élément inférieur et l'élément supérieur. Les processus de communication reposèrent sur la directive, l'ordre, le décret, et l'information se nourrit, en théorie du moins, du respect rigoureux des circuits de la décision et de l'action. A la manière de ces machines cybernétiques dont la formulation théorique constitua, un temps durant, l'une des bases de l'analyse des organisations, le fonctionnement social fut assuré par des procédures de contrôle interne et de signaux scripturaux très précisément identifiables.

La régulation sociale dans l'atelier est-allemand se composa ainsi d'une multitude de textes, de programmes, de méthodes, élaborés à chaque échelon de l'organigramme. Leur trait commun était de refléter la volonté manifeste de la part de toutes les catégories professionnelles, de réussir et mieux encore, de dépasser le plan centralement fixé (3e chapitre). Parallèlement à cette structuration de l'action dans l'entreprise, s'opéra un processus de concentration continu des unités de production dont la dernière étape eut lieu au début des années 80 (4e chapitre). Les syndicats, quant à eux, furent plus que jamais appelés à être les courroies de transmission du parti communiste (SED). Leur tâche consista à répéter inlassablement les principes du marxisme-léninisme, version SED, et à encadrer les travailleurs au sein de compétitions allant, sans cesse, s'élargissant (5e chapitre). La légitimité que les responsables politiques revendiquèrent face à l'histoire et face au monde capitaliste ne reposa pas, en fin de compte, sur des ressorts différents de ceux énoncés dès l'origine. Il s'agit toujours d'assurer la reconnaissance par les citoyens du bien-fondé des décisions prises, à l'intérieur d'un cadre très strict et pour un but érigé en valeur absolue, qu'il s'agisse de l'Homme nouveau ou du communisme allemand. Les quarante années de la domination du SED se caractérisèrent ainsi par l'effort constant de répéter les quelques formules initiales jusqu'à parvenir au credo de l'action collective (6e chapitre).

Le résultat final de telles attentes ne se traduisit qu'en termes de constructions abstraites, totalement coupées des aspirations des travailleurs. L'organisation généra désordre, apathie, confusion. La concentration du pouvoir dans les mains de quelques-uns aboutit à un résultat contraire au but escompté: la profusion de directives et finalement le rejet des règles de la part de ceux qui y furent assujettis. Les incohérences, les ruptures et les frustrations de la part d'un nombre croissant d'individus s'accumulèrent tellement que la notion de participation fut un trompe-l'oeil. Ces formes de freinages, qui ne devaient pas prendre un caractère de dénonciation publique, à l'image de ce qui se passa en Pologne ou en Hongrie, débouchèrent sur le désengagement des sphères de l'action collective (7e chapitre).

La crise qui éclata à l'automne 89, en affectant la vie publique dans son ensemble, témoigna de l'échec complet de la vision sociétale antérieure. L'absence de fondement réel de la conviction intime que ce système politique pourrait répondre aux nouvelles demandes, cette absence éclata au grand jour dans toutes les couches de la société. Elle marqua la fin du projet historique qui avait essayé de se fonder sur la conscience commune des buts du socialisme tout autant que sur la certitude des performances internes et de l'efficacité économique. La rapidité des bouleversements frappa par sa puissance. Ce qui vit le jour n'avait aucun précédent et le passé s'effaça brutalement, faisant se succéder presque instantanément le vide de la régulation au trop plein des années Honecker. L'anomie domina la vie publique et, avec elle, l'indétermination des fins des acteurs apparus dans le cours de la révolution. Incapables de puiser dans l'héritage de la RDA laissé là pour compte, pas un de ceux qui émergèrent ne fut en mesure d'opposer une résistance à ce contre quoi la RDA s'était toujours défendue jusqu'à prétendre l'avoir nié : la RFA (8e chapitre).

Avec l'éclatement de la crise est-allemande à l'automne 1989, cet ensemble de textes, de plans, de promesses et d'engagements (qui constitue le matériau principal de notre travail) a disparu. Mais peut-on raisonnablement penser que quarante années de vie commune, rompue aux mêmes obligations, aux mêmes rites et aux mêmes harmonies n'aient rien laissé d'autre que des monceaux de textes devenus quasiment illisibles ? Essayer de déterminer la permanence de ce qui fut la culture d'entreprise sous le socialisme est-allemand, comme nous l'avons fait jusqu'à la date du mois de mai 1990, c'est essayer d'évaluer ce qui peut faire obstacle au nouveau cours économique et social inauguré avec l'union monétaire d'abord, l'union nationale ensuite. C'est fournir la base pour une évaluation des chances de l'adaptation au cadre de l'action aujourd'hui requise dans la zone est de l'Allemagne.

PREMIERE PARTIE

VERS L'EQUILIBRE

INTRODUCTION

Dans la définition du fonctionnement des sociétés socialistes, la notion d'émulation occupe une place centrale car elle renvoie à un type d'organisation du travail et à un système d'action originaux.

Dans le cas de la RDA, cette notion (*der sozialistische Wettbewerb*) n'a cessé depuis les années 47-49 d'être redéfinie pour toujours mieux affirmer la supériorité des rapports de production socialistes. Pourtant, loin de refléter un développement social harmonieux qui aurait témoigné d'une acceptation pleine et entière par les ouvriers de leurs nouvelles conditions de travail, l'émulation est apparue à chaque campagne pour la compétition socialiste et quelle que soit sa forme, comme un enjeu : c'est autour d'elle que s'est jouée l'instauration de nouvelles règles de discipline et de contrôle du travail ainsi que de relèvement des normes.

De ce fait, en suivre l'évolution permet à la fois de mesurer le niveau de contrôle de la force de travail dans les entreprises, de repérer les tensions dans la sphère de production et d'évaluer la permanence des oppositions qui se sont fait jour.

La répétition au cours du temps des mêmes procédures de lutte mais également les dénonciations par l'autorité des mêmes faiblesses en son propre sein invitent à considérer ce développement non pas comme l'historiographie se plaît à le décrire dans son uniformité, mais plutôt dans sa conflictualité.

L'objet de cette partie est de rendre compte des différentes formes que l'émulation a adoptées dans les années 1949-1961 pour saisir le passage de l'individuel au collectif, de l'héroïsme personnel à l'exploit de la brigade. Dans cet accroissement des tâches (productives mais aussi politiques et sociales), c'est une intégration toujours plus poussée de l'individu au tout qui est recherchée. C'est elle qui s'avère le fondement de la participation entre les éléments de l'entreprise et le critère essentiel de la rationalité et de l'efficacité de ce type de système. Car la politique des normes de travail ne se réduit pas à une simple opération de mesure. Elle s'inscrit dans le cadre d'une organisation socio-politique donnée qui fait de sa cohérence interne et de sa stricte conformité à ses principes le gage de sa performance.

L'établissement de la norme de travail constitue un enjeu qui focalise l'attention des partenaires tant intérieurs qu'extérieurs à l'entreprise. Pour que la norme devienne un instrument de pouvoir dans les mains des autorités, trois conditions doivent avoir été remplies :

- que les conseils ouvriers démocratiquement élus et représentant les intérêts des travailleurs soient supprimés (c'est ce qui a eu lieu en novembre 1948) ;
- que les représentants officiels des personnels d'entreprise adoptent pour tâche, comme c'est la règle pour un syndicat de type soviétique, la réalisation des objectifs économiques centralement planifiés ;
- que les ouvriers ne puissent pas se regrouper dans d'autres organisations que celles liées au pouvoir politique.

La norme n'est pas seulement technique. C'est dire qu'elle ne renvoie pas seulement au face-à-face de l'ouvrier et du chronométreur. Quatre autres aspects contribuent également à la définir : idéologique d'abord, car c'est le changement de la nature juridique de la propriété (devenue collective) qui doit induire automatiquement la réconciliation de l'homme et de la machine partant celle du corps et de l'esprit, et amener ainsi l'ouvrier dans un souci de toujours mieux se réaliser, à fixer lui-même sa norme ; psychologique ensuite, puisque ce qui est au coeur de ce processus c'est la conviction que non seulement les choses ont réellement changé mais que l'exemple de celui qui y croit peut suffire à convaincre le sceptique ; organisationnel en troisième lieu, puisque la norme doit se refléter dans le travail de l'équipe et être mise au point collectivement par la hiérarchie socio-politique de l'atelier ; matériel enfin, car à l'aspect immatériel de l'accomplissement des devoirs socialistes est lié le bénéfice, en nature ou en espèces, que représente la prime.

La norme socialiste renvoie ainsi aux yeux des responsables à la supériorité du système importé d'Union soviétique et dont le stakhanovisme est l'exemple le plus achevé sur le lieu de travail.

PREMIER CHAPITRE

Adolf Hennecke, un stakhanoviste allemand vers la RDA[1]

Dans le processus de fondation de la RDA en octobre 1949, le mineur Adolf Hennecke occupe une place de premier plan. Avec son exploit qui le pose comme le Stakhanov allemand[2], c'est une nouvelle ère que les nouvelles autorités entendent inaugurer : celle où l'effort, la volonté et la claire conscience de classe font fi des limites de la technique pour mieux prouver que l'ordre socialiste sous-tendu par l'enthousiasme des militants peut faire exploser la norme de travail capitaliste et, avec elle, ses rapports d'aliénation.

---

[1] Ce chapitre reprend l'essentiel du contenu d'un article intitulé, "Adolf HENNECKE, un stakhanoviste allemand, ou les fondements de la RDA", paru dans les *Cahiers du Monde Russe et Soviétique*, XXX, 1, janvier-mars 1990, pp. 5-26.

[2] Aleksej Stakhanov, mineur soviétique du Donbass qui, dans la nuit du 30 au 31 août 1935, parvint à extraire 102 tonnes de charbon.

Même si l'historiographie officielle s'attachera à montrer ultérieurement l'importance déterminante de la technique et de la science dans le mouvement des normes socialistes de l'émulation, elle n'en fera pas moins d'Adolf Hennecke un fondateur de l'activisme, phénomène essentiel à la compréhension de l'instauration en ce pays de nouveaux rapports de production.

Mais, derrière les louanges et les séries de records impressionnants, toujours dépassés, le mouvement Hennecke focalise en 1948-1949 une lutte intense autour des normes dites "techniquement fondées" et du chronométrage, autour de la discipline de travail et de la hiérarchie dans l'atelier, en un mot autour de cet ordre nouveau pour lequel le parti communiste[1] mobilise tous ses militants. C'est là, en effet, que se joue la dernière partie d'un conflit qui aura vu successivement la fin des conseils ouvriers au profit d'une confédération syndicale hégémonique et celle de l'autonomie des socialistes. Elle laissera place à un modèle d'action qui emprunte tout ou presque de son expression à l'Union soviétique.

I. L'ORDRE POLITIQUE

L'exploit d'Adolf Hennecke prend corps dans une situation politique et économique, dominée par la présence de l'occupant soviétique : à cet égard les années 1947-1948 marquent un tournant décisif en matière d'organisation et de maîtrise des centres de pouvoir par le parti communiste allemand.

---

[1] *Die Sozialistische Einheitspartei Deutschlands* (SED) : le parti communiste est-allemand, né de la fusion en avril 1946 de l'ancien parti communiste (KPD) et du parti socialiste (SPD). Voir les travaux de l'historien Herman WEBER, notamment *Geschichte der DDR*, München, DTV, 1985, 540 pages.

1.1. La situation économique

La partie orientale de l'ex-Reich allemand sous occupation soviétique se caractérise d'abord par un important manque de matières premières, en dépit d'une industrialisation très intense du Sud et du centre notamment[1] De ce fait la coupure de l'ancien Reich en deux parties est préjudiciable à l'Est pour lequel les livraisons du charbon de la Ruhr constituaient une source d'équilibre indispensable. Dans le contexte de la guerre froide de 1947-1948, les livraisons se font plus rares et la zone d'occupation soviétique (SBZ: *Sowjetische Bezatzungszone*) ne doit compter que sur ses ressources propres. Deux éléments contribuent à la pénaliser davantage :

- les pertes dues aux deux dernières années de guerre ont affecté environ 20% du potentiel industriel [2] mais ce sont surtout les démontages opérés par l'occupant qui se révèlent une charge considérable. S'il est impossible aux analystes occidentaux de fixer le montant exact de ces démontages, les évaluations, néanmoins, situent leurs parts autour de 40% des capacités de 1946[3]. Ces opérations ont par ailleurs un impact psychologique très important : elles provoquent une démoralisation des travailleurs qui, dans les conditions les plus précaires, s'efforcent de remettre les usines en marche[4];

- les réparations exigées par l'autorité soviétique, en second lieu, approfondissent les difficultés. A côté des dix milliards de Reich marks demandés immédiatement[5], l'occupant entend recouvrer dix autres milliards sous forme de livraisons de produits industriels. Ces livraisons d'un montant de 11,4 milliards de RM

---

1 Par rapport à la production industrielle de 1933, celle de 1944 représente moins d'un tiers (28,4%). Voir Werner MATSCHKE, *Die industrielle Entwicklung in der SBZ, 1945 bis 1948*, Berlin, Berlin Verlag, 389 pages.

2 *I bid*, pp. 69-75, 309-312. Voir également Wolfgang SANK, *Wirtschaft und Arbeit in Ostdeutschland 1945-1948. Probleme des Wiederaufbaues in der SBZ, Studien zur Zeitgeschichte*, München, 1987, 214 pages ; W. Sank évalue à 7% les pertes de guerre relatives à l'année 1948.

3 *Ibid*. L'auteur avance le chiffre de 42% en tenant compte des pertes dues au conflit par rapport à la production de 1944, et de 58% par rapport à 1936.

4 Voir W. MATSCHKE, *op. cit.*, p. 191.

5 On peut se reporter à l'ouvrage en français de Renata FRITZ-BOURNAZEL, *L'URSS et les deux Allemagnes*, Paris, Presses de la FNSP, 279 pages, notamment pp. 35-37.

représentent, pour la période 1945-1948, la saisie de 58,5% de la production totale[1].

Ces exigences ne s'arrêtent pas là : elles imposent la mise à disposition de spécialistes dont un contingent - du secteur de la construction surtout - doit se rendre chez l'occupant. A l'automne 1946, 40 000 spécialistes sont ainsi envoyés en URSS. Leur défection contribue à l'abandon de branches industrielles entières et, ce faisant, à disloquer un peu plus l'économie[2] Ainsi "produire plus pour vivre mieux", comme le décrète au printemps 1948 le *Sozialistische Einheitspartei Deutschlands* (SED) correspond à la fois à une exigence impérieuse de sortie de la catastrophe économique de l'après-guerre et à un souci de satisfaire les requêtes des Soviétiques.

1.2. L'organisation économique

L'une des caractéristiques de la situation de la SBZ tient au maintien d'un fort secteur privé à côté du secteur étatisé et d'un troisième bloc relevant directement des autorités occupantes.

- Du secteur privé retenons qu'il concerne une grande part de l'artisanat et du commerce, mais également une part importante de l'industrie de la confection (75%), de l'alimentation (76%) et du bois (81%). Au total, ce secteur représente 43,7% du revenu national en 1947 et 39% l'année suivante. Les impôts, les systèmes de livraisons obligatoires et les mesures vexatoires de toutes sortes contribuent à l'amenuisement de ce secteur, en dépit des déclarations favorables faites à son sujet par les responsables communistes en 1945.

---

1 W. MATSCHKE, *op. cit.*

2 W. SANK mentionne le phénomène des enrôlements de force et avance le chiffre de 8 à 10 000 personnes, selon une source berlinoise. En comparaison, les exigences concernant le travail de spécialistes opéré pour l'URSS auraient touché jusqu'en 1949 près de 80 000 individus. Mais l'effet psychologique des enrôlements aura été là encore considérable. Quant au nombre des déportés à l'Est, il n'est pas connu. Karl-Wilhelm FRICKE avance le chiffre de 25 000 à 30 000. K.-W. FRICKE, *Politik und Justiz in der DDR (Zur Geschichte der politischen Verfolgung 1945-1948)*, Köln, Verlag Wissenschaft und Politik, 1979, 624 pages.

favorables faites à son sujet par les responsables communistes en 1945.

- La part de l'industrie placée sous l'autorité directe des Soviétiques[1] ne cesse de croître de 1947 à 1948, passant de 19,5% à 22% : la chimie avec 54%, puis 56,7% de la production totale de cette branche, en est le principal élément, mais aussi la métallurgie dont la part va s'amenuisant d'une année à l'autre (58,5% et 54,5%)[2] , le charbon, la construction des machines, l'électronique, l'optique de précision, etc. La plupart des entreprises concernées sont en situation de monopole. Régi par le droit allemand, leur siège est néanmoins à Moscou et leur inscription se fait au registre du ministère des Finances soviétique. Selon les termes de la loi[3], elles ont pour tâche d'aider à la consolidation du pouvoir de la classe ouvrière, à la formation des cadres et pour vocation d'être l'école du socialisme.

- Le dernier secteur se compose de la propriété commune allemande, stricto sensu[4]. Par l'Ordre 128 en date du 6 juin 1946 se trouvent créées 65 branches industrielles regroupant 1 002 entreprises. Ce chiffre de 65 est réduit en novembre de la même année à 25 unions (Grossere Einheiten) dont l'élargissement des droits s'opère aux dépens des entreprises qu'elles contrôlent. A la fin de 1947, avec ses 422 000 travailleurs, ce secteur regroupe 28,6% de la population active, pour une part, dans la production totale, de 36,8% en 1947 et de 39% en 1949. C'est en 1948 que les biens sous séquestre soviétique sont remis à l'administration allemande[5]. Une semaine plus tard, le 24 avril, les principes régissant la propriété du peuple allemand sont édictés. Trois pôles dominent les entreprises en fonction de leur importance nationale, régionale ou locale. Au moment de l'exploit de Hennecke, la propriété d'Etat représente 71% de ce secteur ce qui témoigne d'une large décentralisation de la décision.

---

[1] *Die sowjetische allgemeine Gemeinschaft* (SAG) : Les sociétés générales soviétiques.

[2] W. MATSCHKE, *op. cit.*, p. 209.

[3] Voir l'Ordre 167 du 15 juin 1946. Sous commandement militaire soviétique, la zone d'occupation était réglementée par des ordres (Befehl).

[4] VEB : *Volkseigener Betrieb.*

[5] Voir l'Ordre 64 du 17 avril 1948.

1.3. La composition de la classe ouvrière

Le rappel des traits caractéristiques de la classe ouvrière allemande est essentiel pour comprendre la personnalité du mineur Hennecke.

Le premier trait concerne l'âge. La guerre a frappé avant tout les classes mâles entre 15 et 39 ans. Si, en 1939, les hommes représentent 50,6% de la population totale, en 1946 ils ne sont plus que 41%. Leur âge moyen est passé de 36,9 ans à 40,2 ans. La classe des 15-19 ans a accusé une diminution de 10,1%, celle des 20-29 ans, de 51% et celle des 30-39 ans, de 43,3%[1]. Ceci entraîne trois conséquences :

- la part des femmes s'est accrue d'importante façon. Les hommes partis au front, ce sont elles qui ont pris les places laissées vacantes qu'elles occuperont d'ailleurs jusque dans les années 1947-1948, date à laquelle la crise de l'emploi les frappera durement. Cette présence massive des femmes heurte, dans les ateliers, bon nombre de travailleurs pour lesquels la femme doit demeurer à la maison ;
- les jeunes qui arrivent en 1945 sur le marché du travail n'ont pour la plupart aucune formation. Tôt enrôlés dans la *Hitlerjugend*, ils n'ont de surcroît aucune expérience du monde industriel et de ses traditions. Ce sont ces deux catégories - femmes et jeunes - que les nouveaux responsables entendent bien gagner à leur cause ;
- quant à la part des travailleurs de plus de 40 ans, elle est importante. Or, cette fraction qualifiée et expérimentée de la classe ouvrière est riche d'un passé syndical puissant, datant d'avant 1933.

C'est dans ce contexte, fortement différencié par l'âge (il ne s'agit en aucune manière d'une classe ouvrière jeune), par les sexes (le modèle de la femme-mère est dominant), par les qualifications et par les opinions idéologiques que prend sens l'exploit de Hennecke - ce travailleur de plus de 40 ans, doté comme nous le verrons d'un passé syndical d'importance, qualifié et favorable aux responsables communistes qui entendent bien jouer les éléments neufs contre les représentants du "vieux monde".

---

1 Voir W. SANK, *op. cit.*, pp. 34 sq.

1.4. Les luttes

Des luttes qui se déroulent en 1947-1948 sur le lieu de travail et dont le mouvement Hennecke va bientôt se retrouver le vecteur, retenons d'abord l'opposition des conseils ouvriers et des syndicats, puis le train de mesures concernant la discipline de travail.

La lutte des syndicats et des conseils ouvriers trouve son épilogue à la conférence de Bitterfeld de novembre 1948 lorsque l'intégralité des prérogatives des conseils ouvriers en matière de cogestion des usines passe aux mains des organisations syndicales, regroupées depuis août 1945 au sein d'une même confédération[1] . Cette lutte aura connu plusieurs stades : du rejet, à l'origine, par les responsables communistes de toute forme d'autonomie dans l'entreprise, à son soutien tactique lorsqu'ils se verront chargés avec les syndicats de la dénazification des entreprises, jusqu'aux tentatives d'absorption par la voie des élections et la mise hors jeu en fin de compte des conseils ouvriers grâce à la loi[2].

Cette lutte oppose deux conceptions de l'action : la première repose sur les élections libres à bulletin secret et fait de l'entreprise

---

[1] Le modèle soviétique de l'organisation se caractérise notamment par l'organisation verticale (par branches industrielles) et horizontale (par régions), ainsi que par la détention des postes dirigeants par les communistes et l'imposition du centralisme démocratique comme règle de fonctionnement interne.

[2] Dans son étude fondamentale du mouvement des conseils ouvriers est-allemands, Siegfried Suckut distingue trois phases : la première va de mars à août 1945. Elle se caractérise par une grande spontanéité, le pouvoir central étant vacant, de nombreux propriétaires ayant fui l'occupant ou ayant péri pendant les combats. La dénazification est alors l'une des tâches prioritaires, à côté de la remise en marche des usines. La seconde phase s'étend jusqu'au mois d'avril 1946 et voit la suprématie du KPD s'imposer au travers de la nomination des directeurs à tous les échelons de la décision. Ces derniers s'avèrent peu favorables à un partage des pouvoirs avec les conseils qui demeurent, dans les usines, très importants. La dernière période s'étend jusqu'en novembre 1948 : elle voit se jouer une lutte intense entre des conseils restés populaires et des syndicats qui s'efforcent, au moyen des conflits, de s'arroger les fonctions de leurs concurrents. Ce sera chose faite avec la loi ratifiée à Bitterfeld le 26 novembre 1948. Siegfried SUCKUT, *Die Betriebsrätebewegung in der SBZ (1945-1948)*, Frankfurt-am-Main, éd. Kampus, 1982, 764 pages.

la propriété du personnel. Ses tâches sont relayées par un conseil central de l'autogestion et l'objectif prioritaire est la satisfaction des besoins des individus[1] . L'influence de l'entreprise autogérée est ainsi à forte tendance locale ou régionale et témoigne d'une large responsabilité des travailleurs. La seconde repose sur les appareils dirigeants. Elle privilégie l'organisation économique préconisée par les communistes. Son principal ressort est le centralisme démocratique qui fait de la stricte obéissance des échelons inférieurs aux ordres venus des échelons supérieurs son principe cardinal[2].Cette opposition des deux conceptions de la démocratie dans l'entreprise va se trouver exacerbée avec la volonté manifestée par les communistes de généraliser le système de salaire au rendement. Une telle mesure présuppose l'éviction du contrôle des conseils puisque dans ce cas les ouvriers doivent se conformer à un ordre élaboré en dehors d'eux. Ce seront, comme nous le verrons, les syndicats qui auront pour charge, via notamment le mouvement Hennecke, d'introduire ce système.

Lorsque l'on considère les composantes sociologiques des conseils ouvriers, on retrouve nombre de traits soulignés plus haut : dans la très grande majorité des cas, les conseils sont dirigés par des travailleurs relativement âgés, qualifiés, ayant eu l'expérience de l'action sociale sous la République de Weimar et jouissant de l'estime des ouvriers[3] . Quant à ceux qui s'opposent à eux, ce sont le plus souvent de jeunes militants communistes, dotés de peu d'expérience professionnelle. Mais les anciens activistes syndicaux en font également partie et ces deux traits contribuent à expliquer l'état de désorganisation qui frappe les organisations sociales et

---

1 Dans la définition des tâches de l'autogestion, on trouve, à côté de la dénazification des deux premières années de l'après-guerre, tout ce qui concerne les questions de production (organisation, approvisionnement, vente), les affaires sociales et notamment ce qui touche aux rémunérations en nature ou en espèces. Dans les six premiers mois, le troc domine la vie économique, et les conseils ouvriers qui ont souvent en charge un ou plusieurs villages, passent le plus clair de leur temps à commercer avec eux en échange de services divers (réparations, etc). Voir S. SUCKUT, *op. cit.*, pp. 321-332, 350-359.

2 Si l'on reconnaît là un schéma d'action maintes fois appliqué ailleurs, il ne faut pas pour autant lui opposer la vision de conseils ouvriers seulement dominés par les socialistes. S'il s'est trouvé bon nombre de membres du SPD dans les organismes d'autogestion, néanmoins, la position adoptée centralement par ce parti ne s'est guère différenciée de celle du KPD. Voir S. SUCKUT, *op. cit.*

3 *Ibid.*

l'importante rotation des cadres au cours de cette période[1]. Cela invite également à ne pas figer les deux groupes - conseils et syndicats - dans une opposition irréductible à la base. Celle-ci sépare en réalité une organisation disposant d'une structure nationale et un mouvement en aucune manière centralisé.

Les mesures disciplinaires dans l'entreprise cherchent toutes à accroître la productivité du travail en augmentant la durée et le poids des sanctions en cas de transgression des devoirs. Au sein d'un ensemble de textes qui, dans une optique économique, visent à privilégier l'industrie lourde[2] , distinguons l'Ordre 323 du 20 novembre 1946 et l'Ordre 234 du 9 octobre 1947.

- Le premier Ordre en 6 chapitres et 44 points concerne au premier chef l'industrie minière. On vise une augmentation de la production de 10% en 1948 par l'accroissement du nombre de travailleurs et l'élévation de 20% des salaires , l'introduction de primes et d'avantages matériels, le système de travail en trois équipes et la journée de huit heures[3] . Au chapitre des mesures disciplinaires, il préconise - pour lutter contre le relâchement de la discipline et la flânerie (*Arbeitsblummeln Personnen*) - de réduire les jours fériés, de supprimer les *Sonderurlaub*, de retirer les cartes d'alimentation[4]. A la suite de cet Ordre, la résolution du 27 juin

---

[1] Il en va de même pour le parti communiste, voir H. WEBER, *op. cit.*, pp. 219 sq.

[2] Les cartes d'approvisionnement le montrent. L'Ordre 259 du 29 août 1946 concernant l'industrie légère fournit également d'utiles indications sur ce point.

[3] Comme les cigarettes ou le savon.

[4] Tableau de la production du charbon, du coke et de briques (1936 : indice 100)

	Charbon	Coke	Briques
1936	100	100	100
1943	83	6	100
1945	54	-	-
1946	71	67	-
1947	80	67	-
1948	80	67	-

(in W. MATSCHKE, *op. cit.*, pp. 269-272).

1947 impose le travail continu à la mine, le dimanche, l'augmentation du nombre des travailleurs dans les puits et un meilleur approvisionnement des mineurs[1].

Mais la plus importante pièce du dispositif disciplinaire de l'année 1947 est l'Ordre 234, préparé de longue date par une série de discours sur la nécessité de relever les normes, la discipline de travail et l'ordre dans les usines[2] . Cet Ordre, composé de "mesures pour accroître la productivité du travail et améliorer ultérieurement la situation des ouvriers et des employés de l'industrie et des transports"[3], vise d'abord et avant tout l'instauration du salaire au

---

[1] Les cartes pour les mineurs donnent droit aux quantités quotidiennes suivantes à la suite de l'Ordre 259 :

Pain	50-100 gr
Viande	25-50 gr
Légumes	100-400 gr
Graisse	5-10 gr
Sucre	5-10 gr
Pommes de terre	150-200 gr

Pour un rendement variant entre 125% et 120% de la norme moyenne, les rations mensuelles s'établissent comme suit à compter du 1er novembre 1948 :

Viande	375 gr
Sucre	300 gr
Graisse	200 gr
Café (ersatz)	250 gr
Savon	100 gr
Cigarettes	150 cigarettes

(in Horst BARTHEL, "Adolf Hennecke", *Beispiel und Vorbild*, Berlin (ost), 16, 1987, 43 pages)

[2] A son second congrès, la confédération syndicale (*Der Freie Deutsche Gewerkschaftsbund*, FDGB) adopte comme mot d'ordre : "*Mehr produzieren, richtig verteilen und besser leben*" (Produire plus, partager soigneusement et mieux vivre). Le souci de privilégier l'effort de production sur la consommation l'emporte également pour le SED lorsque, à son second congrès qui se tient du 20 au 24 juillet 1947, il préconise : "*Mehr produzieren, besser planen, gerechter verteilen*" (Produire plus, mieux planifier, répartir plus justement), "*Protokoll der SED*", p. 343, cité par Waltraud FALK, *Kleine Geschichte einer grossen Bewegung*, Berlin, Dietz Verlag, 1966, 324 pages.

[3] Voir notamment W. MATSCHKE, *op. cit.*, pp. 254 sq.

rendement et, corrélativement, la distinction des travailleurs d'élite par un large emploi des récompenses matérielles et morales. A l'inverse, pour ceux qui ne remplissent pas systématiquement leur plan de production, cela se traduit par une large gamme de sanctions. Comme l'écrit B Sarel, cet Ordre a pour effet de créer une "aristocratie ouvrière" en cassant les anciennes solidarités de l'atelier, avec ses héros, ses distinctions et ses médailles[1] .

C'est ainsi que l'entendent les autorités lorsque sont lancées dans la foulée de ce texte les campagnes d'émulation afin que se manifeste l'enthousiasme des travailleurs pour ce nouveau programme[2]. Les syndicats, quant à eux, organisent des conférences dans vingt-neuf grandes villes et, jusqu'à la fin 1949, on ne compte pas moins de 40 000 réunions dans les entreprises pour vanter les mérites de l'Ordre 234[3]. La presse se fait l'écho du soutien rencontré[4] et un mouvement se crée : "Les activistes du 234"[5]. Pourtant, dès le 28 janvier, les responsables politiques mettent en cause la bureaucratie des fonctionnaires accusés de freiner l'initiative des masses, preuve que les oppositions sont immédiates dans l'atelier[6].

C'est dans ce contexte de grande tension accrue par l'aggravation des rapports entre les ex-Alliés que prend forme

---

1 Benno SAREL, *La classe ouvrière d'Allemagne orientale*, préface de Pierre Naville, Paris, éd. Ouvrières, 1958, 215 pages (ouvrage traduit en 1975 en allemand sous le titre, *Die Arbeiter gegen Kommunisten*).

2 Voir le *Tägliche Rundschau*, 10 octobre 1947.

3 Gottfried DIETTRICH, *Die Anfänge der Aktivistenbewegung*, Berlin, Dietz Verlag, 1988, 206 pages.

4 Tableau des pertes en minutes avant l'Ordre et après l'Ordre 234 :

	Avant	Après
Mines	28	3,7
Cuivre	17	0,3
Chimie	22	0,5
Métallurgie	17,5	1,1
Métaux	15,9	0,9
Charbon	12	0,5

(Tableau extrait de G. Diettrich, *op. cit.*, p. 52).

5 *Ibid*, p. 53.

6 *Tägliche Rundschau*, 28 janvier 1948 ; 3 février 1948.

l'exploit de Hennecke dont l'objectif fondamental est de montrer la supériorité d'un système politique et économique sur l'autre[1].

2. UN RECORD

Au sein du plan de deux ans présenté dans le courant de l'été 1948[2] , l'industrie minière acquiert un rang prioritaire. Ce plan prévoit un accroissement de 35% de la production ainsi que de la productivité du travail aussi. Les entreprises publiques doivent être le cadre privilégié de ce renouveau. Enfin, le travailleur d'exception qu'a appelé de ses voeux l'Ordre 234 doit, en montrant la supériorité de l'organisation socialiste sur son homologue capitaliste, appartenir à une *Volkseigene Betrieb* (VEB) d'un secteur de pointe et mettre en valeur le système d'autorité. C'est ce qui a lieu avec Hennecke.

---

1 Parallèlement à cela, l'on assiste au renforcement des luttes à l'intérieur : le SED fait arrêter en septembre 1948, 400 soi-disant agents du SPD et le secrétaire de l'organisation communiste inscrit comme élément de base de la culture du parti l'étude approfondie du développement du parti communiste d'URSS. Voir H. WEBER, *op. cit.*, p. 181, n° 344. Ce même mois, Anton Ackermann, membre du bureau politique dénonce la position adoptée naguère en matière de "voie démocratique allemande ver le socialisme". Désormais, c'est l'imitation quasi intégrale du modèle bolchevik. Voir *Neues Deutschland*, 24 septembre 1948, cité par H. WEBER, *op. cit.*, p. 108.

2 Voir Dietrich STARITZ, *Geschichte der DDR*, Berlin, 1984. Voir également *Zur Wirtschaftspolitik der SED*, 1 : 1945-1949, Berlin, Dietz Verlag, Autorenkollektiv, 1984, 280 pages. Notamment les pp. 198-204. A côté d'une production générale en hausse de 35% par rapport à 1947, le plan de deux ans prévoyait un abaissement des coûts de 7% et une augmentation des salaires de 15%.

2.1. La préparation d'un exploit

La région de Zwickau où va s'illustrer ce mineur est l'un des bassins miniers les plus importants de la SBZ. Mais à la suite du conflit, la production atteint en 1948 à peine un tiers de celle de 1938 et est inférieure de 8,8% à celle de l'année précédente. A Oelnitz, petite ville du bassin, les responsables politiques et syndicaux cherchent en ce mois de septembre 1948 à organiser une manifestation importante, analogue à ce qu'a pu faire en 1935 le Soviétique Stakhanov. Au début du mois d'octobre, tous les responsables se donnent rendez-vous dans l'atelier "Gottes Segin" ; tous, c'est-à-dire aussi bien les représentants des organisations politiques et sociales de l'entreprise que ceux de la région, mais également un reporter de la presse écrite, le *Täglisches Rundschau*[1] , d'orientation communiste. Le choix tombe sur un mineur de 45 ans, depuis peu adhérent du parti SED, doté d'une solide expérience de travail et qui s'engage pour fêter l'anniversaire de l'Ordre 234 (rendu public le 13 octobre 1947) à réaliser sa norme à 250% au moins. Avec Adolf Hennecke, les autorités ont donc cherché un individu qui peut, sociologiquement parlant, se mesurer aux meilleurs éléments de l'atelier, expérimentés et socialistes, en défendant l'idéologie nouvelle.

2.2. Un homme[2]

Adolf Hennecke naît le 25 mars 1905 dans une famille catholique où le travail, comme il le dira plus tard, est davantage source de souffrance que de joie[3]. Tôt orphelin de père, il est élevé par son oncle et se destine à la profession de vendeur, son penchant naturel le portant vers les livres. Son premier poste, d'ailleurs, est

---

1 "Avec l'aide de la SMAD, cet exemple devrait être popularisé dans la presse et c'est la raison pour laquelle les personnalités soviétiques avaient été invitées", écrit G. DIETRICH, *op. cit.*, p. 68. Sowjetische Militär Administration *Deutschlands* (SMAD) : l'administration militaire soviétique en Allemagne.

2 *Ibid*, pp. 72-76 ; H. BARTHEL, art. cit., p. 37 ; W. FALK, *op. cit.*

3 *"Dreckarbeit"*, littéralement : "travail dégeulasse". Voir Adolf HENNECKE, *Die Aktivisten zeigen den Weg*, Berlin, Dietz Verlag, 1947.

celui de journalier, préposé à la bibliothèque dans l'industrie minière. En 1924, année du chômage, comme bon nombre de jeunes de sa génération, il est contraint de regagner son milieu d'origine et le voilà mineur, comme son père l'avait été avant lui. En 1926, il est engagé dans le bassin de Zwickau, à Oelnitz, région où la classe ouvrière est bien organisée et où, bientôt membre du syndicat d'obédience communiste, il milite activement sans jamais pourtant adhérer au parti communiste. Deux ans plus tard, il change de mine, puis, en 1934, épouse la fille d'un mineur dont il aura deux enfants.

Sur l'emploi qu'il occupe durant la guerre, on ne sait quasiment rien. A l'issue de celle-ci, on le retrouve membre actif de la commission antinazie de son entreprise qui, sous l'influence du conseil et du syndicat, dispose de grands pouvoirs[1]. Il se fait remarquer à cette époque pour son travail efficace et ses fréquents dépassements des normes : 150%, 200% sont des chiffres volontiers à sa portée.

Le 1er septembre 1948, il est nommé instructeur. Deux semaines plus tard, c'est la gloire : le jour anniversaire de l'Ordre 234, le 13 octobre 1949, accompagné du représentant des syndicats et de deux collègues membres du SED, il s'engage dans le puits. Il est 5 heures du matin. Il en ressort à 13 heures 15 après avoir réalisé une norme de 387% et extrait 24,4 m3 de charbon.

Dès lors porté à bout de bras par l'organisation communiste à laquelle il vient d'ailleurs d'adhérer un an plus tôt, il va, couvert de prix, de médailles et de diplômes, parcourir le pays, expliquant ici sa méthode, là la portée de son geste, conseillant les jeunes, remettant des décorations, évaluant des performances. Sa carrière désormais l'écarte du puits pour le hisser aux plus hauts honneurs : à la première conférence du SED en 1949, il obtient un prix national. La même année, il est le premier élu de la Saxe pour le

1 Sur la dénazification, voir H. WEBER, *op. cit.*, pp. 109 sq. et D. STARITZ, *Sozialismus in einem halben Land*, Berlin, 1976. De 1945 à 1948 on relève la mise à l'écart de 540 000 individus, inscrits antérieurement au parti nazi (NSDAP). Par cette manoeuvre, le SED pourra nommer ses fidèles aux postes économiques dirigeants. Mais ces mesures auront également pour effet à la fois de priver le parti de ses cadres, le rail, l'éducation et la justice principalement. A partir de 1948, plusieurs anciens techniciens, ingénieurs et directeurs seront rappelés à leurs anciennes fonctions et ceci provoquera la frustration des ouvriers, obligés de travailler avec ceux qui, avec tant de zèle, avaient servi l'ancien régime.

SED. A partir de cette date - année de la création de la RDA - il siégera au Parlement pour dix-huit ans. Dès 1954, il est membre du comité central et le restera jusqu'à sa mort. En 1951, il sera nommé chef de département au ministère de la Construction des machines de l'industrie lourde, pour devenir en 1958 membre de la commission d'Etat au plan et, en 1966, membre de celle du ministère de l'Industrie lourde. Il meurt, à près de soixante-dix ans, le 22 février 1975.

2.3. Un exploit

A coup sûr, Hennecke n'est pas le premier à avoir établi un record exceptionnel. Depuis 1945, la presse communiste, celle des jeunes en particulier et des syndicats, a rendu compte de dépassements de normes toujours plus mirobolants. A l'avant-garde de ce mouvement des "activistes de la première heure"[1], on trouve les jeunes, sollicités tout autant pour assurer la remise en marche des usines que pour appliquer les ordres des autorités politiques et administratives[2]. Spontanéité et enthousiasme -fût-ce dans le cadre de diverses organisations[3] - semblent être les traits dominants d'après de très nombreux observateurs.

Or, à la différence de ses précurseurs, Adolf Hennecke introduit - selon les autorités - l'élément de la méthode qui leur

---

1 "*Die Aktivisten der ersten Stunden*" auxquels l'historiographie officielle assigne la fonction de prémisses de l'activisme proprement dit. Voir G. DIETRICH, *op. cit.*, pp. 21-31.

2 Dans son étude sur la jeunesse du Mecklenburg, Johana Jawinski rend compte de cet enthousiasme des jeunes appelés à reconstruire ici un pont, là des logements pour ouvriers agricoles. "*Die Herausbildung der Jungaktivistenbewegung in Mecklenburg, 1945-1948*", *Wissenschaftliche Zeitschrift der Universität* Rostock, 2, 1961, pp. 175-214. Par ailleurs, l'on peut noter une large campagne d'émulation inter-entreprises qui réunit 3 385 hommes et 1 502 femmes. Elle se traduit par une augmentation de la production de 25%, *Tribüne*, 12 février 1948, cité par W. FALK, *op. cit.*, p. 48.

3 *Die Freie Deutsche Jugend* (FDJ) : La jeunesse libre allemande.

faisait défaut[1]. Le propre du mineur, c'est la conjugaison de la pensée et de l'action, de l'intellect et du muscle :

> *"Je voulais avec mon action - écrit-il - montrer seulement que par une saine préparation au travail, par une méthode de travail améliorée et une organisation du travail intelligente, il est possible d'atteindre une augmentation générale de l'action*[2]

Ce qui caractérise ainsi Hennecke, ce n'est pas seulement d'avoir voulu sa réussite ; c'est de l'avoir pensée et cette pensée relève de deux ordres :

- pensée de l'immédiat d'abord, et l'historiographie se plaît à reproduire les photos de Hennecke, le crayon à la main, prenant des notes où il consigne ses remarques sur la nature de la roche ou bien encore maniant son marteau d'une manière originale. Bien tenir l'outil, mieux se servir de la pelle, tels sont les ingrédients de la réussite[3]. Le génie du héros est là : dans cette conjonction de l'effort pensé et de l'outil intelligemment manié[4] ;
- pensée de la finalité ensuite, car plus que tout, Hennecke est un travailleur conscient d'une VEB[5]. Son exploit s'opère non dans une usine capitaliste, mais dans un environnement socialiste : l'objectif visé c'est la collectivité, non le patron isolé. Hennecke,

---

1 S. Suckut situe la différence fondamentale des premiers activistes avec Hennecke au niveau de la finalité de l'action : finalité générale et désintéressée pour ceux des années 1945-1946, seulement animés par l'intérêt commun. Finalité intéressée pour le second et pour ses successeurs, en dépit de tous les discours moralo-politiques et que rend tangible la création de stimulants matériels. S. SUCKUT, *op. cit.*

2 A. HENNECKE, *op. cit.*, p. 10.

3 *Ibid*, pp. 11-12. "L'activiste ne doit pas être seulement une machine qui tourne à grande vitesse mais celui qui agit selon une organisation du travail adaptée. Le travail de l'esprit reposant sur le travail corporel, voilà les conditions pour un rendement de pointe. Avant tout, l'on doit savoir pourquoi l'on travaille" (A. HENNECKE, *Neues Deutschland*, 16 octobre 1948).

4 "J'aime à considérer le travail à la mine comme quelque chose de créateur car, chaque jour, les conditions sont différentes" (A. HENNECKE, *op. cit.*, p. 9).

5 "Comme travailleur d'une VEB, je me fixe les tâches par obligation à l'encontre de notre peuple", écrit Hennecke, cité in "*Der Übergang zur zentralen Wirtschaftsplanung*", *in Zur Wirtschaftsplanung..., op. cit.*

pensée de la totalité et non-geste individuel, c'est bien ainsi que le voient ses promoteurs[1] ;

- enfin, et c'est le troisième trait, son importance déborde le cadre idéologico-productif pour se répercuter dans la sphère matérielle : "produire plus pour vivre mieux", avait affirmé le parti quelques mois plus tôt ; Hennecke va prouver le bien-fondé de cette assertion en l'expérimentant directement : aux 100 marks versés initialement s'ajoutent à la veille de l'exploit 30 autres marks pour sa préparation puis pour son exécution, la remise d'un costume, 500 grammes de graisse, 3 paquets de cigarettes, une bouteille de vin et de nouveau 50 marks.

2.4. Le mouvement Hennecke

Relayé par une campagne impressionnante de presse, d'affiches, de conférences [2], l'exploit individuel se transforme vite en un mouvement qui se confond avec le mouvement des activistes, chargé de dynamiser les campagnes d'émulation sur le lieu de travail. A partir de l'industrie minière, il va se répandre dans toutes les branches, provoquant l'enthousiasme des jeunes et des plus âgés, des femmes, des rapatriés[3]. Les ingénieurs et les techniciens sont invités à s'y joindre, à charge pour eux de conseiller et de récompenser les initiatives individuelles[4]. Les 30 et 31 octobre 1948, une conférence de fonctionnaires d'entreprise décide d'élargir le mouvement Hennecke en instaurant pour le mois de novembre

---

1 Walter Ulbricht, premier secrétaire du parti, le montre lorsqu'il affirme : "Le mouvement Hennecke apporte la preuve qu'il est possible dans une entreprise socialiste d'Etat où les ouvriers, les employés et les ingénieurs ne sont pas exploités par les capitalistes, mais travaillent pour le peuple ainsi que dans des conditions techniques arriérées, de rehausser largement les normes capitalistes" (W. ULBRICHT, 1re Conférence du parti, 25-28 janvier 1948, cité in : Irene ADAMSZYK, Günter PFEFFEL, *Die bahnbrechende Tat Adolf Henneckes. Ihre Resonanz und Bedeutung in der DDR*. Berlin, Dietz Verlag, 1969).

2 H. DIETRICH, *op. cit.*, pp. 85-86.

3 On note en effet un mouvement de prisonniers allemands en URSS (à Astrakan) qui se place sous l'autorité de Hennecke. On en dénombrera jusqu'à 7 500 en 1949 (*ibid*. p. 143).

4 Herbert DEEG, "*Die Hennecke Aktivistenbewegung*", in A. HENNECKE, *op. cit.*, pp. 19-65.

suivant "la semaine Hennecke". En ce même mois de novembre, on observe la constitution de 174 groupes réunissant 4 000 mineurs qu'encadrent 1 000 membres du parti pour relever les normes de l'industrie minière[1].

Mais dès octobre 1948, le record de Hennecke est battu : Paul Berndt a réalisé sa norme à 600% et le 25 octobre, Franz Franick la sienne à 522%[2]. Il n'est pas jusqu'aux responsables eux-mêmes qui ne se sentent appelés : le député communiste Otto Braun, âgé de soixante-trois ans, déjà retraité de la mine, annonce qu'il va reprendre du service pour dépasser sa norme : il la dépasse avec un taux de 120%. Son secrétaire qui a suivi son exemple l'a réalisée, lui, à 137%[3].

Des prix sont ainsi instaurés, des médailles, des fanions, des titres remis pour service exceptionnel comme celui de héros du travail, de meilleur activiste ou plus simplement d'activiste[4]. Des hymnes sont consacrés à Hennecke[5]. Le mouvement s'étend : 4 000

1"Ils voulaient prouver que le dépassement des normes dépend avant tout du comportement au travail et qu'un mineur qui s'entraîne chaque jour ne se brise absolument pas la tête s'il dépasse sa norme", in H. BARTHEL, art. cit., p. 25.

2 W. FALK, *op. cit.*

3 H. BARTHEL, art. cit., p. 31.

4 En 1950, il y eut ainsi 52 travailleurs honorés du titre de "héros du travail", 88 "innovateurs exceptionnels" et 486 "innovateurs", cf. Ehre unseren Besten (*die Entwicklung der Aktivisten und Wettbewerbsbewegung in der DDR)*, Berlin, 1951, 40 pages.

5 Le "*Lied Hennecke*" d'un auteur inconnu, in H. BARTHEL, art. cit. p. 23 :

L'allemagne dans la misère,
L'allemagne a besoin de pain
A l'heure dite, chacun se tient
Et de toute sa force coopère.
Un pour tous, nul ne s'abstient.
Fredonnent les machines,
grincent les scies
Tournent les turbines,
le but doit être atteint !
Le marteau oscille, le feu brille
Et voilà que s'élève un chant
nouveau,
C'est la mélodie des travaux.
Ami, ne l'oublie pas !

Dans les fabriques, les dos se penchent
Sur les durs morceaux d'acier.
Les copeaux volent, les grues s'ébranlent,
Les fuseaux tournent, l'étoffe s'enroule,
Et appliquées, les heures se déroulent.
Pleinement confiants, hommes et femmes
Aident à la naissance d'une nouvelle Allemagne.

Et tous les hommes vont de l'avant
Mener à bien le plan de deux ans.
Nous brisons la misère !
L'Allemagne a du pain !
L'or brille dans le matin.

membres fin 1948, 30 000 recensés un an plus tard ; ils seront 146 000 en octobre 1950. Les femmes - bien que moins nombreuses - ne sont pas en reste : 1 434 sur un total de 25 812 recensées au congrès des activistes de 1949[1].

Une fois tous ces chiffres lus et ces exploits admirés, que signifie ce mouvement des activistes ? Que recouvre un tel geste d'exception ? Un élément de réponse nous a été fourni lorsque nous avons évoqué plus haut cette lutte du "nouveau contre l'ancien". Mais alors quel est le sens de cet ordre nouveau ? Au niveau de l'acte accompli, de la norme, où est l'élément décisif ? A ces questions deux réponses peuvent être apportées : la première s'attache aux conflits qui se sont déroulés autour des normes de travail, la seconde à l'organisation de l'atelier.

3. LUTTES ET CONVICTIONS : VERS L'ORDRE NOUVEAU

3.1. Les luttes

Loin de s'imposer naturellement aux ouvriers comme la meilleure organisation du travail, l'exploit de Hennecke déclenche de nombreuses oppositions que nous avons regroupées sous trois catégories :

La première - dont rendent compte d'ailleurs tous les ouvrages consacrés au mineur saxon - traduit l'incompréhension des ouvriers devant la "nouveauté" : "une partie de mes camarades - écrit Hennecke - se dressait contre moi, ouvertement ou non, dans

---

1 Voir *Ehre unseren Besten, op. cit.*

la méconnaissance des buts de cet acte neuf"[1]. Dans les heures qui suivent l'exploit, ils ne sont effectivement qu'une poignée ceux qui lui font fête. La photo officielle a beau le fixer, sortant de son puits, salué par quelques collègues dont le représentant syndical, néanmoins l'un de ceux-ci affirme : "La grande signification politique de son acte, à ce moment, je ne pouvais la connaître"[2].

Solitude du découvreur, incompréhension des camarades, s'il est sûr que la presse officielle intègre dans sa présentation ce schéma du novateur incompris, les témoignages, néanmoins, s'accordent pour souligner la méfiance rencontrée dans les premières heures. Et cela, même si l'historiographie retient que, les yeux se dessillant, ils sont bientôt des dizaines à lui accorder leurs suffrages[3].

La réalité révèle bien moins d'unité. La seconde étape des mécontentements mentionne l'existence d'un front qui est loin de se dissoudre à la fin de la première semaine. A l'intérieur de ce front, les responsables s'emploient à distinguer ceux qui mettent en doute catégoriquement le caractère progressiste du nouvel ordre socio-politique[4] et avec lesquels il est impossible de discuter et les autres : c'est-à-dire les ouvriers mineurs, ceux qui sont les seuls *authentiques représentants* de la classe ouvrière et qu'il convient de convaincre de la nécessité de l'action nouvelle[5].

La troisième étape, cette fois, rend compte - toujours officiellement - de l'importante permanence des refus[6] sous la forme par exemple de discriminations à l'encontre de nouveaux héros de l'atelier : "Il règne dans les chemins de fer - écrit le président de la Compagnie nationale du rail - une opposition des plus acharnées contre l'emploi des femmes ; et ceci, à côté de l'hostilité manifestée

---

1 A. HENNECKE, *op. cit.*, p. 15.
2 Cité par H. BARTHEL, art. cit. p. 25.
3 A. HENNECKE, *op. cit.*, p. 17.
4 H. DEEG, art. cit., p. 35.
5 C'est le 17 et le 18 novembre 1948 que se tiennent à Berlin les premières journées du mouvement hennecke où l'on critique (déjà) le caractère par trop spontané des actions, la difficulté de fixer les normes de travail rigoureusement. Certains orateurs vont même jusqu'à regretter publiquement que le mouvement ait été lancé trop tôt. Cf. H. DIETRICH, *op. cit.* p. 95 ; A. HENNECKE, *op. cit.*, pp. 33-34.
6 Voir B. SAREL, *op. cit.*, (chap. II), pp. 55-99.

contre les jeunes."[1] Or, l'on a vu que ces deux catégories, les femmes et les jeunes, sont celles sur lesquelles le pouvoir compte le plus pour instaurer les nouvelles règles, en opposition au soutien que leur refusent les travailleurs qualifiés[2]. Un peu plus tard, lorsque le plan de deux ans sera achevé sans avoir tenu toutes ses promesses et que le mouvement Hennecke donnera des signes d'essoufflement, des publications témoigneront d'un rejet violent des activistes Hennecke sur le lieu de travail. Dans l'ouvrage paru en 1951, *Helder der Arbeit* (Héros du travail), un témoin raconte comment un activiste déclenche la colère de ses camarades et, exclu de l'atelier, va jusqu'à se faire jeter dehors par l'organisation du parti[3].

Enfin, et c'est peut-être le plus grave, il n'est pas jusqu'aux bases institutionnelles de l'autorité elles-mêmes qui ne montrent leurs mécontentements : syndicats et parti nourrissent en leur sein des contestataires non seulement de l'abolition des conseils ouvriers où bon nombre d'entre eux avaient leur place[4], mais également de l'introduction généralisée du système du rendement :

> *"des directions de syndicats de certaines entreprises ont repoussé l'introduction du salaire au rendement parce que, selon elles, cela signifie l'exploitation de la force de travail de la même façon que le salaire à la pièce, dans le système capitaliste"*[5],

Cette critique s'est prolongée par la dénonciation des groupes de salaires, propres, selon ces directions, à accroître les inégalités[6]. Elle a appelé en retour une réponse méprisante du

---

1 *Neues Deutschland*, 20 janvier 1950, cité par B. SAREL, *op. cit.*
2 *Ibid*, p. 64.
3 "*Helden der Arbeit*", Berlin, Dietz Verlag (*Kultur und Fortschritt*), cité par B. SAREL, *op. cit.*, p. 75.
4 "Des camarades, membres du conseil ouvrier se sont élevés contre la cogestion avec les responsables syndicaux et ont refusé d'être proposés comme candidats par les organisations syndicales", *Neuer Weg*, 11, 1948, in Axel BUST-BARTELS, *Herrschaft und Widerstand in den DDR-Betrieben*, Frankfurt, Campus Forschung, 1980, p. 11.
5 H. KRAUSE, *Die Entstehung des Volkseigentums in der Industrie der DDR*, Berlin, 1958.
6 *Die Arbeit*, 7, 1947.

responsable du parti, Walter Ulbricht : "Nous avons dans le mouvement syndical une forte tendance à l'égalitarisme"[1].

Cette résistance apparaît nettement si l'on considère la part des membres du parti activistes de trois grandes entreprises en 1949[2] :

	Part des activistes	dont membres du parti
Bitterfeld	675	133
Werke Beuna	459	139
Leuna Werke employant 21 000 travailleurs	388	données manquantes

Ainsi, loin de témoigner d'une confiance aveugle dans les nouvelles organisations, ces actes reflètent une lutte dont le coeur est bien le relèvement des normes calculées à partir des résultats de ces activistes.

.m.3.2. Les normes

A travers l'administration contre laquelle les ouvriers s'élèvent vers la fin des années 40, c'est le chronométreur le premier visé. Tous, ou presque, contestent son utilité pour la seule raison que rien ne peut autoriser à parler de normes techniques, en raison de l'état de désorganisation de la production[3]. Cela d'autant plus que le dépassement des normes réalisé par les activistes s'opère directement contre les techniciens. En ce sens, le mouvement Hennecke, dans un premier temps, est anti-technique. Il est en effet dirigé officiellement contre "l'ancienne intelligentsia technique qui s'oppose au changement des anciennes normes. Elle ignore l'expérience et croit que ce n'est que par des moyens techniques

1 *Die Gewerkschaften und der Zweijaesplan*, in A. BUST-BARTELS, *op. cit.*, p. 50.
2 *Ibid*, p. 51.
3 Cité par B. SAREL, *op. cit.*

académiques que l'on peut fonder les normes"[1]. Quelle signification accorder alors à cette volonté de fonder techniquement les normes au moment même où l'on conteste toute validité à la technique ? Aucune, sinon de distinguer la "bonne" technique de la "mauvaise", en d'autres termes la technique idéologiquement bien fondée de la fausse conscience. "La norme c'est une question de clarté idéologique", s'écrie Ulbricht pour bien montrer que la technique ne peut s'enraciner que dans la conscience claire des buts du socialisme[2].

Et c'est cela que les ouvriers n'ont pas encore compris aux yeux des responsables, dans leur très grande majorité, à l'aube des années 50. Alors que la norme capitaliste n'est qu'un moyen pour aliéner toujours davantage l'ouvrier, la norme socialiste, en revanche, est "un levier pour l'obtention d'un salaire réel et pour l'établissement d'un ordre démocratique"[3]. C'est en cela que le système de salaires au rendement est supérieur : comme l'indique Staline, il autorise l'élévation des qualifications, la différenciation des travaux lourds et légers, la signification sociale du travail, faisant en sorte que les industries lourdes (principalement mines, énergie et construction des machines) puissent occuper le devant de la scène. Enfin et surtout, il permet de comprendre qu'accomplir sa norme, c'est travailler pour le peuple[4]. De ce fait, le mouvement Hennecke est l'un des principaux éléments d'application de l'Ordre 234 :

> *Avec le mouvement Hennecke, le bouleversement de notre système de salaires devient une question cruciale - écrit le responsable national des syndicats - (...) Le mouvement Hennecke est la percée idéologique dans la conscience des masses qui doivent reconnaître que cette victoire doit*

---

1 Cité par A. BURST-BARTELS, *op. cit.*

2 Kurt KUHN, *Stakhanov und Hennecke*, Berlin, 1949, p. 12.

3 *Neues Deutschland*, 8 juin 1949, cité par B. SAREL, op. cit.

4 Karl FUGGER, *Was lehrt Stalin die deutschen Aktivisten*, Berlin, *Die Freie Gewerkschaft*, 1949, 88 p. On peut également relever l'argumentation suivante du responsable des syndicats à ce propos : les ouvriers "n'ont pas compris qu'il existe un nouvel ordre dans la Zone d'occupation soviétique et que les profits réalisés ne vont pas dans la poche du capitaliste, mais sont destinés à tous. D'ailleurs, si c'était le capitalisme chez nous, ça ferait longtemps qu'ils seraient au chômage car ils ne produisent pas suffisamment", cité in H. DEEG, art. cit., p. 35.

dépendre en premier lieu de l'économie démocratique et du déploiement de notre intérêt propre"[1].

A cela, les ouvriers répondent : "*Akkord ist Mord*" (Le rendement, c'est la mort), eux pour qui le salaire aux pièces est synonyme de désorganisation du travail et de fatigue accrue, de compétition sur le lieu de travail et de perte du sentiment de la solidarité ; eux qui savent qu'un tel système est immanquablement lié à un plus grand contrôle des gestes de chacun, et partant, à une exploitation plus intense de la force de travail (en ce sens l'ordre communiste ne se distingue pas pour nombre d'entre eux de l'ordre capitaliste) ; eux enfin, qui ne sont pas prêts à considérer que la simple conviction suffit à changer le système d'autorité. A cet égard, la conviction est bien ce moyen terme nécessaire à la compréhension du nouveau modèle d'organisation.

3.3. Conviction et modèle

Si l'on essaie de comprendre l'aspect proprement technique des exploits accomplis, on ne trouve rien d'autre que la catégorie psychologique de la conviction : conviction de participer à l'instauration d'un monde nouveau, tel est le sentiment intime de chaque héros ; nécessité ensuite de la faire partager à celui qui ignore l'état dans lequel pourtant déjà il se trouve. La conviction devient ici pédagogie de l'action. Action elle-même, enfin, car être imprégné de la réalité de ce changement radical, c'est cela bien agir et c'est la mystification[2]. Le reste s'apparente à du bricolage : Hennecke, avec sa manière bien à lui de tenir son marteau, mais qu'aucun changement rigoureux ou probant n'accompagne ; Luise Ermisch, avec sa machine à tisser ; Kiesler, avec son tracteur ; Darius, avec sa truelle ; tous ne font rien d'autre que gagner du temps en rognant sur les temps morts, en limitant les pauses, en accélérant toujours davantage les cadences.

Quant à la réflexion, elle est le plus souvent imitation, autre face de la conviction puisqu'elle vise à répéter la réflexion de celle qui a ouvert précisément la voie : l'Union soviétique. Dans son

---

1 K. FUGGER, *op. cit.*, p. 52.
2 H. DEEG, art. cit., p. 5.

invitation au jeune à suivre son exemple, l'activiste convainc[1] le travailleur inexpérimenté ou désabusé que le changement de nature des rapports de production est garanti : l'expérience soviétique est bien là pour valider ce sentiment. Dominant cette expérience, émerge la figure historique de Staline, lui qui enseigne aux activistes :

> *"Comment l'on doit se battre pour gagner,*
> *Comment l'on doit construire pour mieux vivre,*
> *Comment l'on doit assurer l'avenir du peuple*
> *et sans cesse aller de l'avant"*[2].

Véritable émule de Staline[3], Stakhanov apparaît comme le modèle pratique de Hennecke. On l'aura compris, Hennecke est le Stakhanov allemand, mais est-il seulement cela ?

Dans la rhétorique qui s'attache à distinguer le héros allemand de son homologue soviétique, trois arguments dominent[4] :

- l'Allemand opère dans une région industriellement puissante, à la différence de son homologue de Minsk. L'objectif de ce dernier était donc d'imposer une nouvelle discipline de travail dans l'entreprise à une population essentiellement rurale et non pas de montrer, comme veut le faire Hennecke, la supériorité d'un mode de technique sur un autre ;
- le milieu industriel, par ailleurs, se différencie largement du fait qu'il n'existe quasiment pas de secteur privé en URSS et que l'une des tâches prioritaires de Hennecke est de montrer la supériorité d'une VEB sur une entreprise capitaliste ;

---

1 Ulbricht, à la première Conférence du parti, affirme : "Les activistes, ce sont les bâtisseurs conscients d'un nouvel ordre par leur initiative dans leur travail, c'est la conviction que c'est seulement par l'accroissement de la production que nous pourrons aller vers une vie meilleure et plus belle. L'on peut affirmer que les activistes ont accompli le pas le plus grand en ce qui concerne l'établissement de notre ordre démocratique", cité par I. ADAMSZYK, G. PFEFFEL, *op. cit.*

2 In F. KUHN, *op. cit.*, p. 3.

3 Et l'on doit ajouter de Lénine, car à chaque fois que Staline est cité, Lénine vient a l'appui de la citation. Cf. notamment les ouvrages qui sont depuis 1945 constamment réédités sous le titre : "*Die Grosse Initiative* et qui regroupent l'article paru dans la *Pravda* du 24-27 décembre 1917, "Comment doit-on organiser l'émulation ?", le texte du 26 juin 1919, "La grande initiative" et celui paru dans les *Izvestija* du 7 novembre 1919, "Economie et politique à l'époque de la dictature du prolétariat".

4 In K. KUHN, *op. cit.*, p. 12.

- enfin, et c'est la dernière distinction officielle, Stakhanov se bat contre l'administration et Hennecke contre l'ancienne classe ouvrière et technique.

Mais, de l'avis de tous les commentateurs, les similitudes l'emportent largement, car tous deux se battent pour l'idéologie nouvelle. Tous deux ont pour fonction de prouver que la claire conscience du socialisme dans le cadre donné des rapports socialistes de production est seule à même de caractériser la supériorité d'une société sur l'autre.

Et si Stakhanov inspira Hennecke, il va de soi que le mouvement Stakhanov inspire le mouvement Hennecke. Innombrables sont ainsi les exemples soviétiques qui sont sources d'inspiration, de réflexion, mais également d'enseignement et d'application, car l'une des tâches de l'activisme est bien là : propager et étendre les exemples édifiants[1]. Ainsi en va-t-il du brigadier Rossijskij qui, nommé dans un atelier en pleine régression, parvient par la persuasion, en prodiguant ses conseils, à redonner confiance aux travailleurs découragés qui, du coup, produisent plus et mieux[2]. Ainsi, Trojan accède à la notoriété pour avoir, grâce à sa méthode toute faite de conviction, fait émerger les réserves de productivité gisant dans l'atelier[3] ; ou encore Tukkisch, dont toute la doctrine s'appuie sur une bonne communication entre les différents niveaux de l'entreprise[4], proche en cela de Kovalev qui conseille de faire une large publicité aux actions du héros, de populariser son nom et de le récompenser largement. Les femmes

---

1 A partir de 1949, une collection est ouverte auprès des Editions syndicales, intitulée Bibliothèque de l'activiste. Elle traduit, surtout dans ses premières livraisons, des ouvrages soviétiques. Il en va d'ailleurs de même pour l'ensemble des pays du bloc est-européen. Les citations suivantes sont extraites des textes de cette collection.

2 N. FEDEROWITCH, *Auf dem Weg zum Stackanowsbetrieb*, notamment la page 17 où l'on voit l'*Obermeister* Rossijskij redonner confiance à une de ses ouvrières, indicisplinée et paresseuse, et qui, par la suite, devient bientôt la meilleure activiste de son groupe.

3 J. TROJAN, *So wurden die Normen übererfüllt* 1951, 40 pages. Le brigadier Trojan de cette usine de Moscou invite ses lecteurs allemands à appliquer une méthode collective qui met l'accent sur la préparation de l'outil de forage : tandis que le premier mineur fore, le second et le troisième collègues préparent le travail de sorte qu'il n'y ait aucun temps mort dans l'intervalle.

4 F. STREMMANN, *Wir weben die besten Stoffe für Dich*, 1951, 36 pages. Ici il est affirmé que la communication passe nécessairement par le triangle institutionnel composé du syndicat, du parti et du brigadier.

entrent au panthéon de l'activisme, avec Freda Hoffman qui popularise la méthode Nina Nasarova dont l'exemple l'a convaincue:

> *"Je me dis : pourquoi ne pourrions-nous pas le faire ? Les machines dans l'entreprise socialiste sont la propriété de tous et donc c'est notre propriété. Et nous sommes responsables en cela du peuple, nous qui avons la responsabilité des machines et des outils""*[1].

On pourrait allonger cette liste : chaque branche industrielle dispose de son patron soviétique. Celui-ci, à l'occasion, se rend dans l'entreprise de son secteur pour enseigner le geste idoine, conseiller l'ignorant, recevoir un prix[2]. A cet égard, il semble justifié de parler de modèle dominant dans l'entreprise dont l'exemple le plus achevé paraît bien être l'entreprise stakhanoviste[3]. Avec elle, c'est un ensemble d'acteurs dirigeants qui prend sens.

---

1 *Ehren unseren Besten, op. cit.*, p. 36. Dans le même registre, l'on peut noter la performance de Ekaterina Sadovna, qui sera, pour ses travaux, récompensée par l'attribution d'un prix Staline. Dans son usine de Moscou, cette mécanicienne-ajusteuse se trouve confrontée à un problème de désorganisation de la production, suite à des pannes répétées. Que fait-elle ? Elle aménage son poste de travail de sorte que les machines inutilisées ne gênent en rien le travail, puis elle scinde en plusieurs parties sa tâche pour mieux établir son plan. Enfin, elle converse avec ses collègues pour leur faire mieux connaître et apprécier les caractéristiques des outils employés. Mais surtout, comme elle l'affirme elle-même : "Je pouvais reconnaître à partir de ma propre expérience combien le parti veille sur nous. Le désir montait en moi de travailler encore mieux, de ne pas me satisfaire du résultat obtenu, de me développer toujours davantage et d'atteindre de nouveaux succès", in Jekatarina SADOWNA, *Störungsfreie Fliessbandarbeit*, Berlin, 1951, 31 pages.

2 A cet égard, l'on peut relever que Stakhanov rend visite à Hennecke en avril 1949 et lui écrit une longue lettre reproduite dans *Neues Deutschland*, 21 décembre 1949.

3 "Une entreprise stakhanoviste, c'est une entreprise qui remplit toutes les tâches de l'ensemble de la nomenclature et, semblablement, travaille à l'établissement d'un plan correctement calculé (...). C'est une entreprise dans laquelle chaque travailleur remplit avec succès les normes fixées et se conduit avec les outils comme un soldat avec son arme", W. STEPANOW, *Die Parteiorganisation im Kampf für den Stachanow-Betrieb*, Berlin, 1952, 61 p.

3.4. Les acteurs dirigeants

Le premier acteur qu'il convient de citer est le parti dont le rôle d'avant-garde est d'éclairer, mais également d'organiser, de contrôler et de sanctionner le mouvement activiste :

> "A l'avant-garde du mouvement d'émulation se tiennent les communistes. L'organisation du parti consiste à élargir les expériences des travailleurs compétents et à faire connaître chaque expérience de travail, ainsi qu'à propager les idées créatrices pour les propositions d'amélioration"[1].

Concrètement, le militant politique est invité à tenir des livres de travail quotidiens où sont consignées les prévisions au jour le jour, tandis que, sur un autre registre, l'on recense les résultats. Dans l'atelier, des tableaux visibles de tous doivent fournir des indications sur les auteurs des meilleurs résultats et sur les récompenses attribuées.

Le second élément est le syndicat. Sa tâche est également d'encadrer le mouvement d'émulation et d'activisme :

> "C'est la tâche la plus décisive des conseils syndicaux d'entreprise que de développer le mouvement Hennecke et d'élargir tous les groupes d'ouvriers du département et des équipes à l'action Hennecke"[2].

La loi du 19 avril 1950, dite loi du travail[3], légalise cette tâche des syndicats en insistant sur le fait que le mouvement activiste est mené de concert avec le directeur[4].

Au sein de la cellule syndicale, on note que c'est l'homme de confiance (*der Vertrauensmann*) qui est chargé plus spécialement de la tâche d'organisation, aidé en cela par l'agitateur dont un texte nous informe qu'il "travaille directement sous l'autorité de

---

1 N. TSCHERNIAK, *Parteiorganisation und sozialistischer Wettbewerb (Aus der täglichen Arbeit eines Moskauer Betriebs)*, Berlin, 1950, 32 pages.

2 Cité par W. FALK, *op. cit.*

3 L'article 25 stipule que les logements seront attribués en priorité aux activistes tandis que l'article 18 fait de l'activisme le moteur de la nouvelle société : "L'activisme est la forme la plus importante pour l'accomplissement du plan et l'affermissement de l'ordre démocratique".

4 *Die Arbeit*, 7, 1949.

l'organisation du parti"[1]. A lui d'établir chaque mois un rapport pour l'Union de l'émulation dont le siège est régional.

Troisième élément, et non le moindre, le brigadier : le mouvement Hennecke a pour utilité également de constituer le vivier de la future maîtrise dont on comprend que la principale qualité n'est pas nécessairement l'efficacité technique mais bien la conformité à un modèle politique précis :

> "Le mouvement des activistes devra être encouragé - écrit ce responsable national des syndicats - davantage que jusqu'à présent : par des primes et par le recrutement de chefs d'équipe et de contremaîtres choisis parmi les activistes particulièrement capables"[2].

3.5. Un comportement

Enfin, ce que le mouvement Hennecke met en scène, c'est un type particulier de comportement que les acteurs précédents ont pour charge d'insuffler aux travailleurs et que seule une entreprise étatique peut actualiser : le comportement de camaraderie. Celui-ci acquiert, avec Hennecke, une dimension nouvelle et essentielle pour comprendre les nouveaux rapports sociaux. La mine s'offre comme la matrice d'un modèle d'action collective original, certes déjà formulé sous la période capitaliste, mais que les temps nouveaux transforment en une énergie positive : "un mineur - affirme encore Hennecke - ne parle pas volontiers de camaraderie (*Kameradschaft*) mais il ne peut pas vivre sans"[3]. La fraternité dans les luttes se transforme en combat pour l'ère nouvelle et, assumant l'héritage historique de la classe ouvrière, les responsables politiques, via Hennecke, font émerger la dimension subjective indispensable à l'Homme nouveau.

---

1 D. STIURWALJOW, *Der Agitator als Agitator des Wettbewerbs*, Berlin, 1951, 60 p.
2 Cité par B. SAREL, *op. cit.*
3 Cité par H. BARTHEL, art. cit., p. 25.

Telles sont ainsi, dans l'atelier, les pièces principales du dispositif d'ordre et de discipline qui encadre ce mouvement et que ce dernier légitime.

*
* *

Or, la volonté de fonder scientifiquement les normes dans la décennie 50 se situe à l'opposé de ce "spontanéisme" des premières heures, largement dénoncé par la suite en haut lieu mais fort utile à ces mêmes autorités pour prouver, selon leurs termes, le passage de l'élément subjectif à l'élément objectif de l'histoire, sous l'effet de la conduite du parti. Or, en quoi la période qui lui fait suite témoigne-t-elle d'un changement ? Et, si changement il y a, où se situe-t-il : au niveau de l'élargissement des mesures de contrôle du travail ? Au niveau des hiérarchies politico-sociales ? Au niveau des réactions des travailleurs ?

DEUXIEME CHAPITRE

Les conflits dans l'entreprise est-allemande

(1949-1961)

Notre seconde période va de la fondation de la RDA (le 7.10.1949) à la construction du mur de Berlin, le 13.8.1961. Si la première date ne marque pas à proprement parler un commencement pour notre objet dans la mesure où l'émulation se rencontre dès 1946 sous la plume des responsables, elle présente toutefois l'avantage de caractériser la nouvelle période par rapport à celle qui la précède : les autorités d'ailleurs le concèdent cherchant par là même à faire de l'année 49 celle du début de l'organisation scientifique en opposition à la spontanéité des années précédentes. La seconde date du 13 août 1961 marque, en revanche, un terme : avec la construction du mur, c'est une période très critiquée par les responsables politiques qui s'achève pour ouvrir sur une nouvelle perspective.

Homogènes, ces douze ans le sont donc même si l'on peut y lire des scansions particulières, notamment celles renvoyant aux années 53-58 que nous aurons l'occasion d'examiner. La crise est continue et continu le développement des différentes formes de contrôle du travail.

1. LES MESURES QUANTITATIVES

1.1. La critique de R.E.F.A

Ce que les nouveaux maîtres après 1945 contestent de l'ancien système de calcul des normes (appelé REFA), c'est précisément ce que Lénine reproche à Taylor et dont les critiques allemands reprennent mot pour mot les arguments, à savoir : la dépossession des connaissances de l'ouvrier par le patron ; l'imposition des normes à partir du sommet ; la division de l'intellect et du muscle ; à cela s'ajoute le fait que, largement soutenue par les nazis, cette méthode s'appuie sur le "*Führerprinzip*"[1].

Elaboré en 1924 dans la foulée des travaux de Taylor, le système REFA n'est appliqué à l'industrie qu'en 1936, sous le nazisme justement. "Qu'est-ce que REFA ?", s'interroge un manuel de vulgarisation en 1925. "REFA, c'est une communauté de travail pour des hommes qui, par des recherches fondamentales et minutieuses du déroulement du travail dans l'entreprise, créent les conditions favorables pour l'amélioration des résultats de l'entreprise et l'augmentation des salaires"[2].

Mais la critique de REFA ne se limite pas à cela. Ce qui est en cause, c'est la soi-disant objectivité de la mesure du travail. En établissant, comme l'indique le tableau ci-dessous, des bornes

---

[1] *Die Arbeit*, 1949/7, p. 320. Il s'agit de la critique de l'ouvrage paru en 1944 de E. Brameifeld et Greed, *Die seelischen und körperlichen Voraussetzungen der menschlichen Betriebsarbeit*.

[2] *Die Arbeit*, 1948/12, p. 333.

minimales et maximales au rendement à partir desquelles on fonde une évaluation qualitative du travail, REFA néglige les potentialités des travailleurs[1] :

Tableau de l'évaluation du dépassement des normes minimales et maximales dans le système REFA

Normes	Evaluations des performances
125%	Excellemment bon (rendement maximal)
115%-125%	Très bon (le meilleur rendement)
105%-115%	Bon
95%-100%-105%	Satisfaisant
85%-95%	Faible
75%-85%	Très faible (rendement inférieur)
>75%	Exceptionnellement faible (faiblesse maximale)

Les limites soi-disant biologiques instaurées par REFA sont dénoncées comme s'inscrivant dans le cadre de l'exploitation capitaliste. Que les conditions changent, que le travailleur se retrouve propriétaire de l'outil de travail, et ses capacités ne seront plus en rien bornées.

> *"Refa, c'est une méthode qui se fonde sur l'antagonisme du capitaliste et du travailleur, sur la défiance du travailleur et de sa réserve de rendement"*[2].

Et c'est ici qu'intervient le mouvement des activistes : dans la mesure où le travailleur est libéré de ce rapport antagoniste, il doit pouvoir être capable, à partir de sa propre expérience, d'utiliser au mieux ses facultés à son poste de travail et de dépasser la norme

---

1 *Die Arbeit*, 1950/1, p. 9.

2 *Idem*, p. 10.

prescrite : "les études de travail des activistes Hennecke se fondent sur une nouvelle idéologie des travailleurs qui dépend de la nouvelle économie démocratique"[1].

Est-ce à dire que les activistes suffisent seuls à fonder la norme de travail ? Non, mais leur mouvement est une des conditions de sa possibilité : celle qui renvoie d'une part au cadre de l'entreprise socialiste (VEB), d'autre part à l'effort individuel. L'autre condition nécessaire renvoie à la mise sur pied d'une organisation centrale, seule à même de généraliser les études de temps.

1.2. Les normes techniquement fondées (TAN)

Les premières tentatives pour fonder scientifiquement le calcul des normes prennent donc comme mesure les exploits individuels ; ce sont les normes provisoires (*vorlaufige Arbeitsnormen* VAN) que les études de travail recommandées à partir d'octobre 1948 sont appelées à remplacer en fournissant une mesure plus correcte du travail. Pour ce faire, une organisation est créée le 29 mars 1949 auprès de l'Administration Economique dépendant du Secrétariat pour l'Industrie et auprès de l'Administration Principale. C'est la Commission centrale pour les études de temps (*Zentrale Kommission fur Arbeitsstudien*). Il lui appartient de régler toutes les questions concernant les normes, de contrôler la bonne exécution des directives en la matière et d'évaluer la littérature s'y rapportant[2].

Son audience s'élargit lorsque, le 5 janvier 1950, il est décidé de créer une commission pour l'organisation du travail dans tous les départements de l'industrie et d'implanter dans chaque entreprise un bureau des normes. C'est sous l'égide de cette Commission centrale que sont élaborées, à compter de novembre 1949, les études de temps qui "donnent aux normes de travail leur

---

1 *Die Arbeit*, 1949/3.

2 *Die Arbeit*, 1949/7. La commission centrale dispose de 6 commissions : statistiques, évaluation du travail, préparation des temps, étude des temps et évaluation du rendement, école et formation, littérature.

caractère. Elles rendent possible leur fondement technique"[1]. Les études de temps reposent sur trois principes : la lutte contre les temps morts ; les diverses expériences soviétiques et les activistes enfin.

La lutte contre les temps morts se traduit par l'élaboration théorique de deux concepts : celui de temps productif et de temps de travail improductif. Si ce dernier terme renvoie au temps perdu non autorisé (dans les règlements), le premier fait seul l'objet d'une décomposition analytique en temps de préparation, temps de pause (tolérée), temps d'arrangement du poste de travail et temps opératoire (*operative Zeit*). Le temps opératoire se divise quant à lui en temps d'aide et en temps de base qui se subdivise à son tour en temps de machine, temps de manipulation et temps de savoir-faire. Le temps opératoire est donc le coeur du temps normé car c'est lui le temps directement créateur : "c'est le temps qui sert directement au changement de l'objet de travail"[2].

Cette élaboration théorique sert de base à l'analyse du procès de fabrication dont les trois composantes sont : 1/ la préparation de la place de travail ; 2/ le transfert des marchandises et des outils ; 3/ le procès de fabrication en tant que tel (déroulement du travail, niveau du travail, etc).

L'intérêt d'une telle élaboration théorique, aux yeux de ses auteurs, est de permettre la diminution des temps de préparation et de transport pour mieux concentrer l'effort sur le procès de fabrication. C'est celui-ci que le chronométreur doit évaluer et l'on comprend que la critique des ouvriers porte sur ce point justement : il ne sert à rien de prétendre mesurer ce seul procès de fabrication lorsque toutes les autres séquences du travail ne dépendent nullement du travailleur.

Mais cette analyse théorique ne suffit pas. C'est là qu'intervient le second principe : il renvoie aux méthodes qui ont toutes pour objectif de réduire les temps morts dus aux gaspillages et aux désordres. Leur point commun est de s'inspirer directement

---

1 H. MATTHES, *Das Leitungsprinzip als Grundlage der Entlohnung in der volkseigenen Wirtschaft*, Berlin (Ost), 1954, p. 10.

2 *Idem*, p. 139.

de l'exemple soviétique[1]. Parmi ces expériences, considérons celles de Seifert, brigadier de l'atelier de réparation de l'entreprise de chemins de fer "*Wilhlelm Pieck*" de Karl Marx-Stadt. Son ambition affichée, dès 1952, est de faire émerger les réserves de chaque travailleur pour mieux élever la productivité du travail.

> *"Je considérais - écrit Seifert - le déroulement de mon travail et je concluais qu'en vérité, il m'était impossible de travailler 8 heures. Il me fallait attendre la grue, échanger du matériel usé, organiser le travail contre un mauvais déroulement éventuel. Et ainsi s'en allaient deux heures de travail. Ces heures perdues ne m'avaient pas pénalisé car en ce qui concerne mon salaire, de toute façon, ça tombait dans ma poche. D'accord, mais pourquoi ? Parce que mes vieilles normes depuis longtemps dépassées m'avaient autorisé à compenser ces pertes et à les faire passer pour des temps de fabrication Or c'est ça qui ne va pas justement"*[2].

La solution que préconise Seifert est simple : il s'agit de donner confiance à l'ouvrier, de mieux l'unir au contremaître et au technologue et de le faire participer à l'établissement de sa propre norme par l'évaluation critique personnelle de ses pertes de temps. Pour ce faire, l'action doit s'inscrire dans le cadre de la brigade et bénéficier d'un environnement explicatif et évaluatif important. Toute la méthode du brigadier est là : autonomie du travailleur et mesure par le collectif, la direction (du département ou même de l'entreprise) venant, au terme du processus, ratifier la décision prise.

Nous reviendrons plus loin sur l'importance de la brigade dans la nouvelle organisation du travail. Pour l'instant, soulignons la large diffusion qu'a connue cette méthode : fin 1958, on note que 200 000 travailleurs l'appliquent ; ils sont 375 000 en 1959 ; 700 000 un an plus tard et, pour 1961, c'est 40% des travailleurs de l'industrie qui sont concernés par elle[3].

---

1 L'analyse des temps normés s'inspire elle aussi directement d'un ouvrage soviétique traduit à Berlin (Ost) en 1951 : *Technische Arbeitsnormung und Einführung fortschrittlicher Normen*, A. BEGIDSHANOW, in Verlag Kultur Heft 14.

2 B. SEIFERT, *Normenarbeit heissen Eisen*, Berlin 1958 in W. FALK, *Kleine Geschichte einer grossen Bewegung*, Berlin, 1966.

3 *Statistisches Jahrbuch der DDR*, 1962, p. 194 ; 1963, p. 47, cité par W. FALK, *op. cit.*

Du coup, et c'est le troisième et dernier principe, le rôle de l'activiste s'en trouve transformé : c'est ainsi, du moins, que l'entendent les idéologues qui voient dans cette promotion du collectif le cadre le plus adéquat au dépassement des normes et la meilleure application de la technique.

La norme de travail techniquement fondée doit en effet prendre en compte le progrès scientifique. Elle n'est donc pas simplement ce qui se déduit du travail des meilleurs activistes car on en resterait alors au niveau du spontané. La norme non pas fondée après l'acte mais avant, c'est ce qu'autorise l'élément technologique aux yeux des autorités ; c'est ce qui vient légitimer l'effort du meilleur ouvrier. Entre l'activiste de l'année 48 et son successeur des années 50, les responsables veulent inscrire la science, la technologie, la machine ou l'outil élaborés scientifiquement qui justifient l'effort supplémentaire et assurent dans le même temps la sécurité du travailleur.

Si l'exemple individuel demeure, il n'est pas isolé comme il semble maintenant que l'était Hennecke. Il n'est pas le fruit d'une conscience solitaire mais l'oeuvre de tous. C'est ainsi que le comprend l'ouvrier Fechner dont la méthode, qui porte son nom, s'inspire directement d'une méthode soviétique largement diffusée, celle de Nicolas Mamai.

> *"Par la discussion - explique ce dernier - sur les chemins à suivre afin d'augmenter la productivité du travail, les membres de notre brigade pensaient non pas qu'un ou deux mineurs pouvaient atteindre en un seul jour un record mais que chaque mineur dans chaque équipe peut atteindre un rendement supérieur. Chaque mineur doit ainsi travailler de sorte que lorsqu'il a fini sa journée il puisse dire à ses collègues ou à sa femme "aujourd'hui, j'ai extrait 1, 2 ou 3 tonnes de charbon""*[1].

L'activiste n'est pas ainsi la mesure du collectif comme le préconise encore un responsable au début de 1950 lorsqu'il demande que la base des normes soit établie à partir de la production

---

[1] N. MAMAI, "Täglich den Plan übererfüllen", in *Die Arbeit*, 1958/3, p. 27.

des meilleurs travailleurs[1]. L'activiste se dissout dans le collectif qui devient dès lors la mesure du travail individuel : *"le travail collectif réalisé en commun donne son empreinte à la forme socialiste de la norme de travail et s'élève largement au-dessus de l'évaluation individualiste du procès de travail capitaliste"*[2].

Les études de travail à la base de ces calculs sont, de ce fait, posées comme le résultat de la collaboration de tous les éléments de l'atelier et à ce titre requièrent un comportement adéquat qui ne soit plus fait de luttes et d'antagonismes des intérêts : *"L'étude de travail est achevée seulement lorsqu'un nouveau et meilleur comportement sur le lieu de travail et dans le département domine"*[3]. Ceci impose deux conséquences d'importance :

1/ Un calcul plus scientifique des normes n'écarte pas l'élément de croyance, repéré à la base des exploits des premiers activistes, bien au contraire. Cet élément est toujours requis de la part de l'ouvrier pour qu'il comprenne que la norme de travail n'est pas dans le contexte des nouveaux rapports de production un moyen visant à son exploitation mais un vecteur de sa libération ;

2/ En mettant en jeu le cadre de la brigade comme facteur essentiel à l'établissement de la norme, c'est une hiérarchie précise qui est invoquée, seule à même de fonder une rigoureuse organisation du travail dans l'atelier.

---

[1] *Die Arbeit*, 1950/6. On peut lire également dans *Einheit*, Dez. 1955, Heft 12, pp. 1185-1195 "Les normes sont établies en considérant les expériences de production de progrès des activistes et des meilleurs ouvriers" et citant un ouvrage paru en 1955 (*Politische Ökonomie*, Lehrbuch Dietz Verlag, Berlin, 1955, p. 519). L'auteur de l'article poursuit : "Elles se situent entre les normes exécutées par les meilleurs des ouvriers ainsi que par les innovateurs".

[2] MATTHES, *op. cit.*, p. 145.

[3] *Idem*, p. 146.

2. LA NOUVELLE ORGANISATION DU TRAVAIL

Le concept qui permet de rendre compte de la nouvelle organisation du travail est celui de l'émulation. Comme concept il réclame une application concrète dans l'entreprise et notamment au niveau de la brigade (2.1) et à celui du département (2.2). Parallèlement à cette multiplication des exemples de l'émulation se trouve confortée une structure propre de l'autorité qui confie au parti, au syndicat et au contremaître (2.3) le soin d'exécuter les tâches inscrites dans la convention collective (2.4). Ainsi, dès le début, l'émulation est posée comme un attribut des organisations socialistes et l'avenir ne fera que renforcer une telle définition[1].

2.1. Brigade et brigades

La brigade est l'élément premier de l'entreprise, la cellule de l'organisation : *"les brigades de production sont les unités de production les plus petites de l'entreprise. Elles sont les formes spécifiques du travail collectif dans le secteur socialiste de notre économie. Elles ont une signification considérable pour le développement du mouvement activiste et sont la base de l'émulation de l'entreprise"*[2].

C'est, semble-t-il, à la fin de 1949 que se met en place cette forme du travail collectif et plus précisément comme l'indique une source en date de mars 1950, dans la petite ville de Przemitz[3].

---

[1] A cet égard, une des définitions (parmi de très nombreuses) nous est fournie par le mensuel syndical en 1950 lorsqu'il essaie de caractériser la concurrence socialiste par rapport à son homologue capitaliste : "Le résultat du combat concurrentiel capitaliste, c'est la démesure du développement. Le résultat de la concurrence socialiste, c'est la mesure la plus élevée qui soit d'un développement en devenir... De tout cela, il résulte que la concurrence socialiste rassemble la société en une communauté productive, caractérisée par un intérêt commun unifié et par une volonté commune unifiée". *Die Arbeit*, 1950/2, p. 64.

[2] *Die Arbeit*, 1950/2, p. 563.

[3] *Die Arbeit*, 1950/3, p. 182.

L'objectif initial est de permettre l'augmentation de la quantité et de la qualité grâce à l'aide fournie par les plus talentueux travailleurs aux plus faibles. Une brigade se constitue ainsi à partir des meilleurs éléments de l'atelier, responsables syndicaux en tête, mais également activistes, innovateurs, etc. La brigade est, de ce fait, un exemple pour tous ceux qui doutent du caractère original de la VEB. *"Il est nécessaire que le travail organisé mène à un éclaircissement systématique"*[1].

Très vite, ce mouvement de brigade donne naissance à une forme plus élaborée : la brigade de la qualité[2] qui met l'accent non plus sur la quantité produite mais sur la qualité à partir de l'économie des coûts de production. A ce mouvement est associé le nom de Franz Franick[3]. Pour lui, l'originalité de la brigade tient à l'engagement maximal de chacun pour la réalisation de l'accord passé entre la brigade et la direction dans le cadre de la convention collective. Pour y parvenir, Franick préconise la discussion avec chaque travailleur et l'établissement en commun de propositions réciproques de dépassement des tâches[4].

Un vaste mouvement de propagande se met en branle avec le soutien des syndicats pour assurer à la brigade de la qualité une large audience : 500 000 travailleurs participent ainsi à une campagne lancée dans toutes les branches industrielles au printemps 1950 avec pour devise : "en janvier plus qu'en décembre". Pour la seule année 1950, on note que 9234 collectifs sont en compétition pour le titre de la qualité exceptionnelle (*die Brigade der ausgezeichnete Qualität*) et 174 pour celui de la meilleure qualité (*die Brigade der besten Qualität*)[5].

---

[1] *Idem.*

[2] *Die Arbeit*, 1950/6.

[3] Nous avons déjà eu l'occasion de rencontrer ce mineur comme activiste "Hennecke", de renom. Jörg Roessler, quant à lui, attribue le déclenchement du mouvement des brigades de la qualité au tailleur Franz Stremmann de la VEB TUFA de Cottbus. Jörg ROESSLER, *Die Bemühungen zwischen dem sozialistischen Wettbewerb und der zentralen Leistung in den Jahren 1948 bis 1958*, in *Jahrbuch für Wirtschaftgeschichte*, 1974, Teil III, Berlin, pp. 13-34.

[4] *Die Franickbewegung und der sozialistische Wettbewerb im Bergbau*, Berlin, 1952.

[5] in W. FALK, *op. cit.*, p. 83.

Peu importe finalement à qui revient le mérite d'avoir initié ce mouvement de la brigade. Ce qu'il convient de noter, c'est qu'à partir de 1952/1953 il prend un essor considérable, c'est-à-dire au moment du plan de cinq ans lorsque les contraintes économiques et politiques sont les plus fortes : "Les méthodes - écrit Walter Ulbricht - avaient jusqu'à présent un caractère de responsabilité individuelle. La vraie émulation consiste dans une action d'homme à homme, de brigade à brigade, de département à département pour l'accomplissement de tâches données de la production, la chute des coûts et l'économie des matériaux"[1].

2.2. Le département

Au niveau du département, c'est la conférence de production qui joue le rôle clé[2]. En permettant la réunion des travailleurs et des responsables socio-politiques pour l'examen des plans de production et des résultats obtenus[3] - et ce, dès 1948 - la conférence de production a une fonction pédagogique déterminante : chaque semaine, il lui appartient de dispenser des cours aux travailleurs, après les heures de travail[4].

Mais la non-réalisation des objectifs planifiés et l'accroissement des difficultés économiques amènent les responsables à remettre à nouveau en chantier les formes de la brigade et autres collectifs de travail à tous les échelons de l'entreprise.

---

[1] *Idem*, p. 97.

[2] En 1951, W. Ulbricht écrit : "L'échange lors des conférences de production et la critique des fautes de l'organisation du travail de l'entreprise sont des conditions de base pour la réussite de l'émulation", cité in FALK, p. 93.

[3] "Cela permet l'adjonction de cercles plus larges de travailleurs, employés, techniciens, ingénieurs par l'échange des expériences" in *Die Arbeit*, 1951/4.

[4] Parmi les thèmes les plus fréquemment traités, l'on trouve : Pourquoi existe-t-il une brigade de travail et quelle importance a-t-elle pour le contrôle de la qualité ? La constitution de la brigade de travail. Le contrôle des machines, etc. *Die Arbeit*, 1950/6.

La première modification concerne la conférence de production dotée désormais d'un comité plus spécialement habilité à assumer la réalisation et le contrôle du plan. Ce comité, composé des éléments les plus actifs et les plus loyaux, regroupe quasiment en son sein toutes les formes de l'émulation ; agissant, comme le précise la centrale syndicale FDGB à son 6e congrès, sous la direction du parti et démocratiquement élu par le personnel, ce comité doit regrouper les meilleurs individus, syndicats en tête[1].

La seconde modification touche aux brigades. Le concept de communauté socialiste (*sozialistische Gemeinschaft*) est censé, cette fois, associer au mieux les différentes couches de l'entreprise. L'intelligentsia est ainsi appelée à approfondir sa relation avec les ouvriers, à charge pour ces derniers d'intégrer plus profondément le progrès scientifique. Ce qui caractérise la seconde moitié de la décennie 50, c'est l'apparition du scientifique comme figure de proue du changement. Ces deux requisits (communauté socialiste et impératifs scientifiques) sont la condition pour l'émergence de la personnalité collective, objectif final de la société socialiste. Au niveau des brigades, cela se traduit par l'apparition de trois normes nouvelles.

La brigade de travail socialiste (*Die Brigade der sozialistischen Arbeit*). Elle se caractérise par une relation nouvelle entre l'intérieur et l'extérieur de l'entreprise : les nouvelles brigades cherchent à refléter le mode de vie socialiste, propre à l'état d'avancement de la construction du socialisme en RDA[2].

---

1 "Ces comités de production sont les collectifs des meilleurs que dirige la participation consciente et active des travailleurs pour la réalisation du nouveau système économique de la planification de la direction de l'économie..." in *Die Arbeit*, 1963/12, p. 9.

2 Au 4e Plenum du Comité central du SED le 15 janvier 1959, Walter Ulbricht définit comme suit "les devoirs de la brigade socialiste de travail :

"Accomplissement quotidien et dépassement du plan, application du savoir scientifique et technique, utilisation de toutes les capacités techniques, économie la plus rigoureuse de chaque minute, chaque gramme de matériel, de chaque pfennig. Cela s'appelle la lutte contre les pertes de temps et les temps d'attente de même que l'abaissement des coûts propres. Cela s'appelle avant tout le respect de l'assortiment et de la qualité de la production. Les membres de la brigade assument leurs devoirs par l'élévation de leurs capacités et de leurs connaissances. Les membres de la brigade s'obligent à un comportement socialiste dans la vie même de tous les jours où ils appliquent les principes fondamentaux de l'éthique et de la morale socialiste comme conduite juste", cité par FALK, p. 160.

Inversement, les écrivains et plus généralement les artistes sont appelés à entrer dans les entreprises pour y trouver matière à inspiration.

Les communautés socialistes de travail et de recherche (*Die sozialistische Arbeits und Forschungsgemeinschaften*) ont, quant à elles, pour tâche, à la fin des années 50, de regrouper les ingénieurs et les ouvriers selon diverses modalités : soit pour un temps court, soit pour un temps long et une forme d'association plus ou moins stable, soit sur un objectif relativement large, la première forme étant la plus communément adoptée. A la base de ces regroupements, l'on retrouve toujours le souci d'économiser le matériel et l'énergie, d'abaisser les coûts et de rechercher la meilleure qualité.

Sur cette forme, viennent se greffer d'autres expériences de moindre importance comme "les brigades rouges", le mouvement de "moi à nous" ou encore "les brigades de jeunes N. Mamai". Elles ont en commun, comme le souligne un observateur officiel de la conférence de Leipzig en 1959, de se distinguer d'abord de l'ancien mouvement de l'émulation, spontané et anarchique : *"le développement des initiatives de masse n'est pas un processus spontané... Dans le socialisme, il s'agit d'une action consciemment planifiée"*[1]. Mais avec la fin de la crise des années 53-58 et l'échec des tentatives réformistes[2], l'émulation n'obtient pas tant un nouveau statut qu'elle ne se voit réinscrite dans l'orthodoxie léniniste la plus stricte : elle ne doit pas donner lieu à des formes obvies de l'organisation ou à des manifestations d'autonomie. Au contraire, elle doit se trouver strictement encadrée[3].

Très largement popularisées, toutes ces méthodes se déploient à l'occasion du dixième anniversaire de la RDA en 1959 ; 2,5 millions de travailleurs participent d'une manière ou d'une autre à cette campagne. 26 237 brigades regroupant 302 176 travailleurs entrent en compétition pour le titre de la meilleure brigade de travail

---

[1] Hans THALMANN. *Der Wettbewerb und Neuererbewegung in der DDR*, in Wissenschaftliche Zeitschrift von Karl Marx Universität von Leipzig, pp. 759-776.

[2] Voir H.WEBER, p. 245-297.

[3] "L'organisation de l'émulation et du mouvement d'innovation exige la pleine exécution du principe léniniste de l'émulation socialiste... Le fonctionnement du parti et du syndicat ainsi que les membres de l'appareil d'Etat doivent porter dans les masses toujours plus profondément le contenu éminemment politique du mouvement d'émulation..." in THALMANN, art. cité, p. 769.

socialiste. 16 459 communautés de travail socialiste et de recherche regroupant 139 302 ingénieurs, techniciens et ouvriers fêtent l'événement[1]. Le 7 octobre 1959 les prix sont remis : 103 brigades et 16 communautés de travail obtiennent le titre de "brigades de travail socialiste"[2]. A 170 ateliers, collectifs et entreprises, l'on remet "la bannière du travail" ; 910 ateliers reçoivent la médaille pour avoir accompli de façon exceptionnelle la campagne et 100 000 individus reçoivent le titre d'activistes[3]. Les données suivantes tirées d'un ouvrage sur les formes de la planification dans les années 50 montrent bien l'inéluctable progression de la participation ouvrière aux yeux des responsables, et la multiplicité des formes adoptées.

Tableau 1. Participation aux campagnes d'émulation à l'intérieur des entreprises dans les entreprises d'Etat 1955-1962

	% des actifs	1953=100	
1955	40,5	146	
1956	38,0	142	
1957	43,1	143	
1957(a)			1957=100
1958	35.6	131	
1959	60,3	146	
1960	69,2	160	
1961	70.6	163	

(a) En 1957 les méthodes de calcul ont été modifiées.
Source : *Statistisches Jehrbuch der DDR 1957*, Berlin, 1958, p. 197.

[1] Pour la circonstance, Ulbricht affirme : " Les brigades de travail socialistes et les communautés de travail sont la clé pour la résolution de toutes les tâches importantes de la nouvelle étape de notre développement", cité in FALK p. 23.

[2] *Rechenschaftsbericht des Bundesvorstands an den 5. FDGB Kongress 1959-1963*, pp. 12-13.

[3] Jörg ROESSLER, *Die Herausbildung der Sozialistischen Planwirtschaft in der DDR*, Akademie Verlag Berlin, 1978, 355 p. (la page 265).

Tableau 2. Développement des conférences économiques dans l'industrie, 1956-1958

	1956	1957	1958
% des entreprises qui mettent en place des conférences	74,4	89,6	73,6
% des engagements pris	100 (base)	88,5	123,4

Source : *Idem*, p. 266.

Tableau 3. Participation des travailleurs de 1958 à 1961 aux méthodes

	Christophe-Wehner		Seigert	
	Progression 1958=100	% des actifs	Progression 1959=100	% des actifs
1958	100	26,2		5,8
1959	163	37,6	100	10,2
1960	201	50,3	201	20,6
1961	215	53,7	247	25,8

Source : *Idem*, p. 265.

Tableau 4. Participation des travailleurs en 1959 et en 1960 (en milliers) aux

	Brigades socialistes	communautés de travail socialistes
1959		
2e trimestre	192	96
3e trimestre	355	154
4e trimestre	707	214
1960		
1er trimestre	983	242
2e trimestre	1504	241
3e trimestre	1612	303
4e trimestre	1664	304

Source : *Idem*, p. 268

2.3. Les acteurs institutionnels

Au sein de l'atelier, quatre éléments ont une importance particulière : le brigadier, le contremaître, le responsable politique et son homologue syndical.

Le brigadier. Ce premier échelon de la maîtrise doit faire preuve de quatre qualités de base : la première renvoie à sa compétence technique et à son savoir-faire, seuls à même de l'imposer parmi les meilleurs ouvriers. La seconde concerne son sens des relations humaines et son souci de lutter pour l'établissement de la démocratie allemande. La troisième fait référence à ses qualités pédagogiques et la dernière - si ce n'est la plus importante - est politique: *"il est certain que c'est de la qualification technique et politique du brigadier que dépend essentiellement le travail de la brigade"*[1]. Cette revalorisation de la technique correspond à la volonté affichée dès 1950 par les autorités supérieures du parti de ne plus rejeter - comme c'était le cas en 1947/1948 - les ingénieurs ou les techniciens du côté des ennemis irréductibles.

Le contremaître. Il ne se différencie guère du précédent sinon qu'il est posé comme responsable direct du collectif des travailleurs et d'abord du plan dont il se doit d'assumer l'exécution quotidienne. Mais là encore, l'aspect politique de la fonction prime ainsi que l'explique un responsable du parti : *"il ne suffit plus aujourd'hui que le contremaître soit seulement un bon spécialiste et un bon organisateur. Ce qui s'avère décisif, c'est son comportement politique et moral, son engagement pour la politique de notre Etat ouvrier et paysan"*[2].

Au sein du syndicat, la première place revient à l'homme de confiance dont la tâche fondamentale est également d'animer le collectif de travail. Ainsi que l'explique un orateur de FDGB à son 3e congrès : *"l'organisateur syndical est responsable de l'application idéologique et organisationnelle du travail syndical sur le lieu de travail. Dans les entreprises publiques, il organise le mouvement des activistes et d'émulation. Il aide ses collègues dans le groupe*

---

[1] *Die Arbeit*, 1951/5.

[2] *Einheit*, 1958/11, p. 1625.

syndical à élever la conscience politique ; il perçoit les cotisations"[1]. Une différence fondamentale sépare cependant l'homme de confiance d'une VEB de son homologue d'une entreprise privée. Alors que, dans la première, l'organisation de l'émulation est la tâche prioritaire, pour la seconde, c'est le combat de classe qui prime[2]. Cette différence indique la ligne de démarcation entre un syndicalisme de gestion et un syndicalisme de revendication. C'est donc bien la nature de la propriété qui détermine le caractère de l'organisation syndicale.

A côté de l'homme de confiance, l'on trouve une myriade d'autres individus qui l'aident dans sa tâche : l'activiste 234 n'a pas à proprement parler de fonction précise sinon de participer à l'émulation. On perd d'ailleurs assez vite sa trace, au tournant de la décennie 50. Plus important semble être l'instructeur du groupe, rattaché à l'organisation syndicale. Chargé plus spécialement de dispenser les nouvelles méthodes, il a également pour objectif assigné de résoudre les principales difficultés de l'atelier[3]. L'agitateur a, quant à lui, pour but de mettre au jour, grâce à l'entretien en petits groupes, les difficultés de l'atelier et de faire émerger les solutions appropriées[4].

L'activiste syndical, enfin, qu'un texte définit "comme le fondement de l'union avec les masses et la base du déploiement de leur initiative"[5] et à qui il revient notamment de diffuser la presse syndicale : *die Arbeit, die Tribüne, der Volksbetrieb.*

A l'image du parti communiste "d'un nouveau type" que représente le SED, tous ces hommes ont en commun d'incarner un nouveau type d'homme. Il n'est pas étonnant que dans ces conditions le modèle soit fourni par le responsable du parti qui, dans l'atelier, remplit une quadruple fonction : de direction du travail, de contrôle de l'exécution des directives, de surveillance de l'activité des travailleurs et de collaboration enfin avec les autres

---

1 *Die Arbeit*, 1950/7.

2 "Dans les entreprises privées, l'homme de confiance doit toujours garder à l'esprit qu'il a à défendre les intérêts de ses collègues contre l'employeur" in *Die Arbeit*, 1950/7.

3 *Die Arbeit*, 1949/1, p. 86.

4 *Die Arbeit*, 1950/4, pp. 154-155.

5 *Die Arbeit*, 1951/4, pp. 161-163.

organisations chargées d'améliorer le travail de chacun pour une productivité plus élevée[1].

Cette multiplication des responsabilités nominales au sein de l'atelier est un facteur essentiel d'intégration dans la mesure où l'autorité entend ainsi faire participer à la décision le plus grand nombre d'individus et l'inscrire dans le tissu extrêmement serré des diverses hiérarchies. Là encore, l'exemple soviétique est appelé à fournir la preuve de l'excellence du modèle par la bouche même de Staline :

> *"A côté des dirigeants principaux, il y a encore les moyens et les petits dirigeants. Nous en avons des dizaines de milliers. Ce sont des gens modestes qui ne se mettent pas en avant et ne se montrent pas. Mais l'on serait aveugle si on ne les reconnaissait pas. De ces hommes dépend le sort de la production de toute notre économie..."*[2].

Tous ont ainsi une tâche commune : exécuter le plan fixé centralement qui se traduit concrètement à leur niveau avec la convention collective.

2.4. La convention collective

C'est le document le plus important de l'atelier du fait qu'il prescrit les tâches de chacun[3]. Il mérite d'autant plus d'être examiné que vidé de son sens initial (qui est celui d'être négocié entre les parties en présence) au profit de la seule autorité économico-politique de l'entreprise, il n'acquiert pas pour autant force aux yeux

---

[1] *Die Arbeit*, 1958/8, pp. 1138-1147.

[2] *Die Arbeit*, 1950/5.

[3] "La convention collective est un document historique pour la classe ouvrière... elle dirige l'attention de l'ouvrier, du brigadier, du technicien, de l'ingénieur sur la maîtrise de la technique, l'économie des matériaux et sur le développement permanent de son potentiel spécialisé. L'engagement pour la responsabilité personnelle en vue de l'exécution du plan, signe du travail nouveau et décisif dans les entreprises publiques, c'est la caractéristique d'une nouvelle attitude du travailleur vis-à-vis de son travail" in *Die Arbeit*, 1951/7, p. 368.

des ouvriers qui ne cessent, dans cette période, d'en contester le bien-fondé.

Plusieurs textes fixent le régime des conventions collectives. L'Ordre n°2 de la puissance soviétique occupante, en supprimant le droit nazi en la matière autorise dès juin 1945 les syndicats à signer des conventions réunissant employeurs et employés. La loi du 19 avril 1950[1] précise que les conventions traitent des salaires et des conditions de travail. Elle est complétée par le décret du 8 juin de la même année[2] qui stipule que cela concerne toutes les entreprises, administrations et coopératives. Enfin, la loi du 20 mai 1952[3] précise que ces documents traitent de l'engagement et du licenciement des travailleurs, du temps de travail, des salaires, des qualifications, de la production, de la santé et de la culture[4]. En réalité, les conventions collectives ne sont bientôt plus qu'un catalogue de devoirs pour les travailleurs, ce que ne nie d'ailleurs pas ce responsable syndical lorsqu'il affirme : "cette année (1952) nous avons encore mieux appris de l'Union soviétique : que par le moyen des règlements de base de la plupart des conditions de travail et des salaires, il était possible de limiter au minimum les déterminations normatives dans les conventions collectives et d'accorder le prix nécessaire aux devoirs politiques et moraux"[5].

De fait, à partir de 1953 l'on renonce à signer les conventions désormais fixées par une directive valable pour la branche et applicable à toutes les entreprises en relevant[6]. Les années suivantes ne témoignent d'aucun changement sur ce point. Les partenaires désignés de la convention deviennent le directeur de l'entreprise dont la fonction, en l'occurrence, est de représenter l'intérêt des travailleurs et de l'Etat, qu'il s'agisse d'un ministère ou de FDGB[7]. Est-ce à dire que les ouvriers restent étrangers à leur processus de formation ? Ce serait contraire à la notion de

---

1 *Gezetzblatt der DDR*, p. 349.

2 *Gezetzblatt der DDR*, p. 493.

3 *Gezetzblatt der DDR*, p. 384.

4 Alfred LEUTWEIN, "Der Betriebskollektivvertrag" in *der sowjetischen Besatzungszone*, Bonner Berichte aus Mittel und Ost Deutschland, Bonn, 1957, 112 pages.

5 *Die Arbeit*, 1952/6, p. 310.

6 Voir l'ordonnance du 19 décembre 1953, *Gezetzblatt der DDR*, p. 32.

7 In LEUTWEIN, *op. cit.*, p. 55 et suivantes.

participation que les syndicats entendent développer, notamment au travers de réunions au cours desquelles le directeur fait connaître à l'assemblée des travailleurs son rapport sur l'exécution des précédentes tâches et le projet de la future convention. Des discussions doivent alors avoir lieu pour connaître les opinions des personnels et c'est là, comme nous le verrons mieux plus loin, que s'offre à ces derniers la possibilité de refuser les règles du jeu. En témoignent la relative progression du nombre de conventions collectives signées de 1951 à 1956 : 6199, 6434, 6780, 7932, 8100, 8809[1] et les incessantes critiques des responsables contre cet état de fait.

Enfin, pour mieux contrôler la bonne exécution des conventions collectives, les autorités créent la fonction de dispatcher. Sa charge consiste à suivre l'exécution du plan, à veiller à l'accroissement de la productivité du travail et à l'abaissement des coûts, à réaliser les normes et supprimer les difficultés[2]. C'est à lui qu'il incombe de dresser le relevé des temps morts et - du moins jusqu'en 1956 - d'en faire état lors des réunions syndicales. Mais là encore ce poste - dont on remarque que les fonctions sont déjà celles de bien d'autres fonctionnaires de l'atelier - tombe dans l'oubli (momentané) à la suite des critiques répétées à son encontre[3].

Or, pour autant que l'autorité cherche à privilégier les cadres techniques et les directeurs, il ne s'ensuit pas que ces deux catégories de dirigeants échappent aux contraintes de la convention. Une série de mesures, il est vrai, les favorise considérablement par rapport aux ouvriers : 24 jours de vacances ouvrés, soit le double de leurs subordonnés ; un congé formation de 15 jours par an, le paiement du salaire en cas de grave maladie pendant six mois sur la base du dernier bulletin de salaire ; de meilleurs logements ; une scolarité pour les enfants mieux assurée ; enfin, des primes pouvant s'élever jusqu'à 15 000 Marks pour les plus hauts dirigeants dont le nombre, d'après les chiffres fournis par l'officiel Tägliches Rundschau du 29 juillet 1952 se monte à 22 00[4].

---

[1] *Neues Deutschland*, 8 novembre 1956.

[2] In LEUTWEIN, *op. cit.*, p. 80.

[3] *Idem*, p. 84.

[4] *Idem*, p. 24-25. Voir également du même auteur, *Die technische Intelligenz in der Sowjetischen Besatzungszone*, Bonner Berichte aus Mittel-und Ost-Deutschland, 1953, 56 pages.

Cependant, ces deux catégories n'échappent pas en toute circonstance aux contraintes de la convention. Celle-ci impose que des engagements soient pris par les cadres eux-mêmes, révélant par là même l'importance de la notion de sanction. Les engagements volontaires (*Selbstverpflichtungen*) que nombre de techniciens doivent signer sont autant de devoirs politico-moraux pour eux. Simples, s'il s'agit de devoir réunir ses collègues et de les informer d'une tâche précise, de conseiller des jeunes ou de favoriser une bonne ambiance dans le département. Plus complexes, lorsqu'il s'agit de mettre sur pied une campagne de prévention, de diriger une communauté de travail ou encore d'élaborer un plan contre l'extension du tétanos[1]. Au cas où ces engagements ne sont pas respectés, une série de règlements s'emploie à punir les coupables :

- l'Ordre 160 de l'Administration soviétique en date du 3 décembre 1945 prévient que celui qui se rend coupable de fautes ou de négligences entraînant des dommages pour le développement de la partie orientale de l'ex-Reich allemand est passible d'une peine de quinze ans de prison et en cas de sabotage, de la peine de mort ;

- l'ordonnance du 23 septembre 1948[2] précise que celui qui met en danger l'exécution du plan économique et l'approvisionnement de la population ou détourne de leur usage les biens de la collectivité ou détruit les outils et machines servant au développement économique est passible d'une peine de 1, 2 ou 3 ans de prison et d'une amende ;

- l'ordonnance du 25 octobre 1951[3] stipule, quant à elle, que les dirigeants d'entreprise portent l'entière responsabilité de la santé de leurs ouvriers. En cas de culpabilité, les amendes infligées ne peuvent être inférieures à 300 Marks et les peines d'emprisonnement à 3 mois.

On ne sera pas surpris ainsi des condamnations qui frappent cette population. Dans cette période d'accroissement industriel dit intensif, les accidents du travail sont fréquents : la catastrophe minière du 19 avril 1952 provoque la mort de 48 ouvriers et la disparition de 28 autres ainsi que la perte de 5 milliards de Marks. Du 3 au 5 juillet 1952 se tient le procès du directeur et des ingénieurs principaux. Le premier est condamné à 8 ans de prison et 5000 Marks d'amende ; les seconds à des peines allant de 12 à 5

---

1 *Idem*, p. 32.

2 *Die Verordnung über die Bestrafung von Verstössen gegen die Wirtschaft*, cité par LEUTWEIN.

3 "Die Verordnung zum Schutz der Arbeitskraft", *idem*.

ans. "Je m'en suis tenu - a affirmé au cours du procès le directeur - au fait que le devoir devait être accompli. J'ai oublié les hommes"[1].

3. LES CRISES, LUTTES ET RESISTANCES

La construction du mur de Berlin en août 1961 n'a pas pour seule explication la perte des devises occasionnée par les différences de marché entre les deux parties de Berlin comme se plaisent à le répéter les autorités est-allemandes. Elle renvoie directement à la crise économique et sociale que traverse la RDA depuis 1949 et que traduit assez bien le nombre d'émigrants vers l'Ouest : 199 188 pour 1960, 159 730 pour les six premiers mois de l'année 1961. Pour notre période 49-61, le nombre total s'élève à 2 691 270[2]. En majorité, il s'agit de gens jeunes et qualifiés. A long terme, ces chiffres témoignent de la permanence d'un conflit que contribuent à expliquer l'incomplète réalisation des divers plans (3.1), les crises du 17 juin 1953 (3.2) et des années 53-58 (3.3) ; plus largement encore cela renvoie à la critique constante adressée par l'autorité politique tant aux ouvriers qu'aux syndicats (3.4) et finalement à l'échec d'une politique des normes de travail et de salaires (3.5).

3.1. Les plans économiques

L'objectif n'est pas ici de retracer le développement des divers plans économiques mais de rapporter certains résultats en prenant pour base la date de 1936 et les prévisions initiales.

---

[1] *Idem*, p. 36.

[2] H. WEBER, *op. cit.*, p. 325.

- Le plan de deux ans[1]. Pour une base de 100 en 1936, le niveau de la production brute est de 44 en 1946 et de 91 en 1950. En ce qui concerne le revenu national, il est pour la même base de 100, de 46 en 1946 et de 87 en 1950. La productivité du travail, quant à elle, est en 1945 de 85 et de 98 en 1950[2]. Le plan de deux ans témoigne d'un redressement très net de la situation économique surtout si l'on considère les dommages causés par la politique de démontages de l'URSS[3]. Mais il est cependant à noter que le coût de la vie est de près de trois fois plus élevé qu'en 1936 (269%), les salaires ayant accusé une chute importante : ils sont inférieurs de près d'un quart pour la même période (73,1%)[4].

- Le plan de cinq ans. Ce plan est le premier où se manifestent les déséquilibres macro-économiques au profit des branches de l'industrie lourde, traduisant les préférences de la planification de type stalinien pour l'accumulation aux dépens du secteur des biens de consommation. Les chiffres témoignent ainsi de succès impressionnants tant en ce qui concerne la production brute, le développement de la classe ouvrière ou encore celui de la population en âge de travailler[5]. Mais ce plan, outre la grave crise du 17 juin 1953, accumule les points noirs : si la production industrielle a doublé, la croissance de la productivité du travail fixée originellement à 60% n'aura été que de 54%. Le niveau de vie ne s'est pas, loin s'en faut, amélioré : le manque d'appartements et de biens de consommation se fait sentir comme en témoignent l'apparition des queues et celle des cartes de rationnement[6]. Les prix, quant à eux, n'ont cessé de croître : aux 25e journées du Comité central du SED en octobre 1955, un membre du parti affirme: *"En réalité, une hausse constante s'exerce sur un grand nombre d'articles*" ; en 1957, il ne semble pas que la situation ait évolué si l'on en juge par l'affirmation d'un participant aux 35e

---

[1] Plan de deux ans (1948-1950), plan de 5 ans (1950-1955).

[2] Horst BARTHEL, *Probleme der Wirtschaft. Entwicklung der DDR* in *der Nachkriegsperiode (1945-1949-1950)*, Berlin, 1968, Thèse d'habilitation.

[3] Wolfgang SUCKUT, *Die Betriebsrätebewegung in der Sowjetischen Besatzungszone (1945-1948)*, 1982, 764 pages, *op. cit.*

[4] Horst BARTHEL, *op. cit.*, p. 165.

[5] Jörg ROESSLER, art. cité.

[6] Heinz HEITZER, *Geschichtlicher Überblick*, Berlin Ost, 1979, p. 143, cité par BARTHEL in : *Der schwere Anfang, Jahrbuch für Geschichte*, 1974.

journées du SED : *"Dans cette période, il y a eu une augmentation croissante des prix"*[1].

3.2. La crise du 17 juin 1953[2]

De la crise, qui éclate le 17 juin 1953, notons qu'elle n'est pas le fait de l'ensemble de la classe ouvrière de RDA. Certaines sources occidentales évaluent à 6,2% le taux de participation active des travailleurs de l'industrie, les sources de RDA avancent, quant à elles, celui de 5,5%[3]. Il est cependant difficile de fournir un chiffre exact dans la mesure où toutes les manifestations n'ont pas donné lieu à des sorties hors de l'usine[4]. 272 endroits sont touchés parmi lesquels les grands établissements industriels de Halle, Leipzig, Dresde, Berlin où le Parti communiste (KPD) était majoritaire avant 1933 ; des comités de grèves surgissent très vite dans l'après-midi du 17 juin 1953 et assurent une coordination entre eux. On y rencontre presque exclusivement des ouvriers de la production, âgés de plus de trente ans, qualifiés et pour 25% environ d'entre eux,

---

[1] Cité par H. WEBER, *op. cit.*, pp. 261-262.

[2] Notre objectif n'est pas de nous livrer à l'examen exhaustif de ces journées qui ont donné lieu à une très importante littérature outre Rhin. Rappelons seulement que la crise de 1953 éclate au moment où la direction stalinienne du SED, Ulbricht en tête, décide le 7 juin 1953 d'un "cours nouveau". Le résultat le plus immédiat est de mettre fin aux mesures prises en mars de la même année qui avaient pour objectif de pénaliser plusieurs catégories de travailleurs parmi lesquelles, les ouvriers. Un relèvement au minimum de 10% des normes au 1er juillet 1952 devait les contraindre à travailler davantage pour un salaire identique ; les paysans se virent dans l'obligation d'entrer dans les coopératives sous l'effet de la collectivisation des terres engagée en décembre 1952 et qui provoqua un départ massif des paysans vers l'Ouest ; l'organisation de jeunes de l'Eglise fut déclarée illégale et de nombreux prêtres jetés en prison. Enfin, plus de 2 millions d'individus devaient se voir retirer leur carte d'alimentation, à compter du 1er mai 1953. Parmi eux, on comptait les entrepreneurs privés, les artisans, les commerçants, etc.

[3] STARITZ, *op. cit.*

[4] Klaus EWERS, Thorsten QUEST, *Der Kampf der Arbeiterschaft in den volkseigenen Betrieben während und nach dem 17 Juni 1953. Arbeiteraufstand in der DDR, herausgegeben von* Ilse SPITTMANN und Karl Wilhelm FRICKE, Editions Deutschland Archiv, 1982, 224 pages.

membres du parti. Presque jamais, l'on ne trouve à ce niveau de techniciens ou d'ingénieurs[1].

Les mots d'ordre émis lors de ces heures concernent tous les aspects de l'atelier : à commencer par les normes et les salaires. Ce qui est mis en cause, ce sont les "normes techniquement fondées" (TAN), le mauvais système d'approvisionnement, les salaires et les retraites trop faibles ; le système de représentation syndical est ensuite critiqué par tous comme incompétent et totalement lié à la direction[2] ; le système politique est également violemment mis en cause puisque l'on réclame la dissolution des cellules politiques d'entreprise, de nouvelles élections, la dissolution de l'armée populaire, la liberté pour les prisonniers politiques[3] ; enfin l'organisation du travail est dénoncée en ces termes par un ouvrier : *"le travail dans notre entreprise était toujours organisé sur le vieux modèle capitaliste"*[4].

La peur se révèle ainsi le réflexe dominant de la vie sociale : *Tu veux savoir pourquoi le Politburo ne connaissait pas la réalité ?"*, lance un ouvrier à un enquêteur. *"C'est parce que l'on craignait de dire un mot de trop. Des vieux qui avaient de l'expérience, on le les a jamais entendus. Celui qui exprimait une critique craignait d'être désigné comme ennemi"*[5].

Quant à la répression, elle est rapide, sanglante et diversifiée. Dès le 18 juin, les chars soviétiques, appuyant les milices est-allemandes, écrasent les manifestations. Le bilan des victimes varie : pour les officiels est-allemands, il y aurait eu 19 manifestants tués, 4 policiers tués et 126 arrestations ; de source occidentale, le nombre des tués s'élèverait à 267 pour les manifestants, 116 pour les policiers et les arrestations se compteraient par milliers[6]. Sur les lieux de travail, des réunions ont

---

1 *Idem*, p. 26.

2 "Toutes les propositions que nous avons portées à l'organisation syndicale et à la direction de l'entreprise étaient écartées. Nulle part on ne trouvait d'écoute". *Das Gewerkschaftsaktiv*, 1953/14, cité par EWERS/QUEST.

3 "Les membres du parti ont une image faussée de la réalité de l'entreprise et ne connaissent pas la voix du peuple", *Die Schweriner Volkszeitung*, 2.7.1953, idem.

4 *Die Arbeit*, 1953/9.

5 *Neues Deutschland*, 28 juin 1953.

6 EWERS/QUEST, *op. cité.*

lieu pour dénoncer les "fascistes", "hooligans" et autres "espions". Des questionnaires sont distribués auxquels les travailleurs doivent répondre et faire leur cette affirmation selon laquelle par l'écrasement des factieux du 17 juin, la RDA a évité au monde le déclenchement de la 3e guerre mondiale.

Mais des corrections sont apportées immédiatement aux sources de mécontentement les plus évidentes : les salaires et les retraites sont rehaussés, l'approvisionnement est mieux assuré, le montant des investissements est amputé de 950 millions tandis que celui affecté à l'industrie lourde l'est pour 1,4 milliard de Marks. 3000 prisonniers sont amnistiés, les prix baissent de 10 à 25%, notamment ceux du lait, de la viande, de l'huile, etc.

Si, au mois de juillet 1953, Ulbricht reconnaît sa responsabilité personnelle dans les événements de juin, pas question pour autant de modifier la stratégie antérieurement adoptée : *"C'est généralement vrai - affirme-t-il - que notre parti a conduit l'Allemagne sur la voie du socialisme et a commencé à poser les fondements du socialisme en RDA. Cette ligne générale du parti était et reste juste"*[1]. Dans la foulée de la répression, l'épuration politique tient une place de choix car, jusqu'en 1954, elle ne cesse pas[2] : 60% des responsables de districts et 70% des premiers et seconds secrétaires de régions sont destitués. Mais surtout, la vieille garde communiste d'avant 1933, qui conteste le style autocratique de la direction de Ulbricht, cette vieille garde fait les frais de l'épuration : à Berlin, 68% des communistes d'avant 33 sont renvoyés, à Halle 71%, à Leipzig 59%, à Magdebourg 52%, à Chemnitz 46%. Au total, un tiers des communistes de cette époque aura été renvoyé du parti[3].

Pourtant la répression de 1953 n'amène pas pour autant le calme en RDA, même si la contestation adopte d'autres formes,

---

[1] Conclusion du Comité central du 26 juillet 1953, cité par EWERS/QUEST, p. 17.

[2] Relevons que déjà en 1951, Ulbricht avait ordonné une épuration qui avait conduit au rejet de 155 000 membres, le parti passant de 2 millions à 1,2 million de membres. Dans la même période, la part des ouvriers dans le parti est passé de 47,8% à 41,3% et celle des employés de 18% à 31%. Voir Dietrich STARITZ, *Geschichte der DDR, neue historische Bibliothek*, Editions Suhrkamp, 278 pages.

[3] H. WEBER, *Geschichte der DDR, op. cité*, p. 250. Ajoutons qu'aux élections de 1954, sur 400 députés, 180 seulement sont réélus.

notamment dans les usines. La mort de Staline ouvre une crise qui ne trouvera son achèvement qu'en 1958. L'épisode des comités ouvriers de 1956 en est un exemple.

3.3. Les comités ouvriers (1956-1957)[1]

Pour aussi éphémère que cette expérience ait été, elle est instructive à deux égards :

- elle témoigne de l'influence (par contre coup) des événements hongrois et polonais qui se déroulent au même moment. Leur échec est également celui de l'expérience est-allemande : "L'enseignement le plus important - écrit Ulbricht le 30 décembre 1956 - que nous devons tirer des événements hongrois, c'est qu'il n'y a pas de troisième voie"[2] ;
- elle expose une nouvelle fois la stratégie d'une réforme "par le haut" qui ne laisse aucune place au mouvement de base et n'entend par démocratie que la stricte conformité des actions de chacun aux directives politiques imposées du sommet.

Sous la pression des changements qui s'opèrent chez les voisins hongrois et polonais, c'est le 4 novembre que Ulbricht propose des correctifs à la démocratie socialiste dans l'entreprise par la création "de formes organisées permettant aux travailleurs de cogérer en matière de questions importantes relevant de la production et d'autres questions"[3]. Pour bien prévenir des abus qu'une telle offre pourrait entraîner, le premier secrétaire prévient que "cela n'a rien à faire avec ce qu'on appelle autonomie (*Autonomie*) ou autogestion (*Selbstverwaltung*) de l'entreprise".

Dès lors, le schéma proposé s'attache à conférer à une commission (désignée le 14 novembre), dont le rapporteur n'est

---

[1] Pour l'étude des comités ouvriers, nous renvoyons à l'étude de Dietrich STARITZ dont nous nous sommes inspiré pour cette partie : "Die Arbeiterkomitees der Jahre 1956-1958. Fallstudie zur Partizipationproblematik in der DDR", pp. 63-74 in : *Der X Parteitag der SED*, 35 Jahre SED Politik, Versuch einer Bilanz, Deutschland Archiv, 1981, 184 pages.

[2] *Neues Deutschland*, 30 décembre 1956, cité par H. Weber, p. 293.

[3] *Neues Deutschland*, 4 novembre 1956.

autre que Ulbricht, le soin de définir les prérogatives des travailleurs. Elles peuvent être résumées sous trois chapitres :

1. Un organe peut être élu démocratiquement sous le nom de comité ouvrier (Arbeiterkomitet) composé de 2/3 d'ouvriers et de 1/3 d'employés et d'ingénieurs dont les noms doivent être établis par le syndicat d'entreprise.

2. Ses compétences doivent être conformes aux règlements socialistes.

3. Cet organe, en accord avec les autorités de l'entreprise, a le droit de traiter de l'instauration de nouvelles technologies, de participer à la planification à long terme, de contrôler les applications résultant des décisions des conférences de production, de décider en matière d'attribution des primes et de distribution du travail. Il lui est accordé la possibilité de traiter des questions personnelles importantes (*Die wichtige personnelle Fragen))*[1]..

A la suite de ce rapport, une discussion s'engage dans la presse : de nombreux thèmes y sont débattus concernant la place des syndicats dans ce processus, la valeur de la théorie de l'unipersonnalité de la fonction de directeur, la prise de responsabilité en matière de normes ou la collaboration des conseils avec les brigades et les activistes.

Sur une proposition de la commission ad hoc, se tient les 7 et 8 décembre 1956[2] une conférence réunissant 870 membres du parti et 870 responsables d'entreprise, parmi lesquels 703 ouvriers de la production et fonctionnaires syndicaux et 167 techniciens. Au cours de cette conférence les limites des nouveaux organes sont précisées et par là même les ambitions de ce que Ulbricht appelle "la nouvelle étape décisive dans le développement de la démocratie". Les syndicats, en effet, sont (re)définis comme les organisations de représentation des intérêts des travailleurs, à l'exclusion de toute autre forme. A charge, dès lors, pour les comités des ouvriers de chercher plutôt à s'identifier aux commissions d'activistes et aux conférences économiques. Pas question d'assumer l'aspect social réservé aux syndicats ("les comités de travailleurs ne peuvent pas prendre en charge les tâches syndicales"[3].) Mais pas question non plus de prétendre diriger l'entreprise : les nouveaux organes ont

---

[1] *Idem*, 20 novembre 1956.

[2] *Berliner Zeitung*, 23 novembre 1956.
Neues Deutschland, 24-27-30 novembre 1956 ; 4-5-7-12 décembre 1956.

[3] *Neues Deutschland*, 19 décembre 1956.

bien pour fonction de participer à la transition au socialisme et pas à autre chose. A l'issue de ces journées, la conférence propose d'abord la création d'un collège de 40 membres chargés de suivre l'évolution du phénomène[1] et ensuite la mise sur pied de comités pilotes.

Ces comités pilotes sont élus dans 18 entreprises sous la surveillance des syndicats et avec une participation supérieure à 85%[2]. Mais les informations font défaut en ce qui concerne la réalité de leur action[3]. Dans les rares cas que Staritz mentionne, plus que les traces effectives, on y lit la réaffirmation des principes structurels: direction unipersonnelle, participation des syndicats au processus socialiste, etc. De fait, dans le mouvement de normalisation qui affecte l'Europe de l'Est en 1957, les comités ouvriers allemands disparaissent très vite. En octobre 1957, la réorganisation économique qui vise à une plus grande concentration des échelons industriels - par la création de combinats et l'abandon de certains ministères - les réduit à l'impuissance. Le responsable de la conférence peut dès lors affirmer, le 10 décembre 1958, dans l'organe syndical, "*die Tribüne*" : "l'expérience enseigne que l'élévation de la participation et de l'influence des travailleurs à l'élaboration et à l'exécution du plan d'entreprise est étroitement liée au rôle des syndicats comme école du socialisme et comme représentant des intérêts des travailleurs. Il doit réussir non pas par le comité ouvrier mais avec l'aide des syndicats"[4].

---

[1] *Neues Deutschland*, 11 décembre 1956. Parmi ces 40 membres, on trouve Ulbricht et Warnke, le responsable des syndicats au niveau de la Confédération auxquels s'ajoutent 9 brigadiers, 7 contremaîtres, 3 chefs d'atelier, un représentant syndical, un ingénieur, un fonctionnaire, un professeur et 14 ouvriers.

[2] *Die Tribüne*, 7 mars 1958.

[3] STARITZ mentionne quelques expériences, citant le *Lautziger Rundschau* du 27 novembre 1956 et le *Leipziger Volkszeitung* du 16 janvier 1957. Ainsi relève-t-on l'établissement d'un protocole pour les travailleurs qualifiés réalisé sous les auspices d'un comité ou encore de l'instauration d'un nouveau département dans le cadre de la rationalisation d'une entreprise.

[4] *Die Tribüne*, 10 février 1958.

3.4. La crise syndicale

Dans la politique de mise en cause constante des imperfections de l'action dans l'entreprise, pas un seul vecteur de l'autorité politique n'échappe à la critique : qu'il s'agisse des travailleurs, coupables de ne pas accepter avec enthousiasme les nouvelles règles, qu'il s'agisse des syndicats incapables d'assumer la pleine exécution des directives du sommet. En règle générale, les syndicats se voient reprocher l'insuffisance des résultats économiques, en révélant le "formalisme" de leur action. Ce terme recouvre plusieurs acceptions : parfois celle de l'accusation d'une mauvaise évaluation du moral des travailleurs[1] ; parfois celle d'être de mauvais organisateurs : aussi leur est-il imputé les accélérations en fin de mois tandis que les indices de production s'effondrent dans la première décade[2].

Quoique posés comme les courroies de transmission du parti communiste, les syndicats manifestent néanmoins des tendances au syndicalisme ou au sectarisme de gauche[3]. Plus précisément encore, ce dont ils se révèlent coupables renvoie à deux dimensions essentielles de l'action sociale :

1. La première concerne les conventions collectives. Les syndicats, en la matière, se révèlent incapables d'un suivi du travail idéologique. La plupart ne comprennent pas, est-il dénoncé, la signification fondamentale des conventions[4]. Alors qu'il est de leur devoir de défendre les intérêts de toute la classe ouvrière et de favoriser le rapprochement de l'intelligentsia et des ouvriers[5], les syndicats luttent contre les techniciens et font preuve d'un égalitarisme nuisible : "Il se trouve dans les rangs des syndicats des opinions sectaires contre l'intelligentsia technique qui se traduisent notamment par des tendances à l'égalitarisme"[6].

2. La seconde renvoie aux normes de travail que les syndicats s'avèrent incapables de mettre en place : "Des directions

---

[1] *Die Arbeit*, 1949/4.

[2] *Die Arbeit*, 1949/2.

[3] *Die Arbeit*, 1950/8.

[4] Dokument der SED, Band III, cité par Fricke DDR, Opposition und Widerstand, p. 86.

[5] *Die Arbeit*, 1952/2.

[6] *Handbuch der Gewerkschaftsfunktionäre*, Berlin Ost, 1952, p. 127.

de syndicats de certaines entreprises ont repoussé l'introduction du salaire au rendement au motif que selon eux c'est une exploitation de la force de travail du même genre que le salaire à la pièce dans l'entreprise capitaliste"[1].

C'est peu dire, ainsi, que la résistance au nouveau cours est générale et continue. L'appartenance politique des membres du syndicat fournit un élément d'explication : en 1958, sur les 638 000 fonctionnaires syndicaux d'entreprise, 446 130, soit 74%, ne sont pas adhérents du SED. Dès lors, la stratégie de remise en ordre de la part des responsables politiques va s'attacher à ne réserver ces postes qu'aux seuls adhérents du Parti dominant. L'épuration a lieu en 1959 au 5e congrès de FDGB : 95 des 155 membres du précédent collège dirigeant ne sont pas réélus. 70% des 199 nouveaux élus occupent pour la première fois une fonction dirigeante. A la première session, sur 31 membres de l'ancien presidium, 21 sont écartés et au secrétariat, sur les 10 précédents membres, 3 seulement conservent leur poste[2].

Cela ne suffit pourtant pas à éliminer tout élément de contestation. En 1960, c'est de l'intérieur même des brigades de travail socialistes que va venir la critique.

3.5. Les brigades de travail socialistes (1959-1960)

C'est sous la plume d'un responsable du parti, Erich Apell que l'on peut lire le 3 janvier 1960 la proposition d'une extension des droits des brigades, dans le prolongement de ce qui a eu lieu l'année précédente lorsque les brigades ont disposé de la possibilité d'établir les normes à la suite de l'introduction de nouvelles techniques et de participer à la formation des cadres ainsi qu'à l'élaboration du règlement du travail[3]. Cette proposition n'est pas

---

[1] W. KRAUSE *Die Entstehung des Volkseigentums in der Industrie der DDR*, 1958, p. 121, cité par Bust BARTHELL, p. 50.

[2] Protokoll des 4. und 5. Kongress der FDGB, Berlin, 1955. p. 582.

[3] *Neues Deutschland*, 3 mars 1960. Pour l'étude de ces brigades dans cette période, voir Fred KLINGER, "Die Brigaden der Sozialistischen Arbeit im Kontext des Syndikalismus. Kritik", in *der X.Parteitag der SED*, *op. cit.*, pp. 75-86.

isolée. Dans certaines entreprises des brigades se sont arrogé pareil droit. C'est du moins ce dont argue un assistant de la faculté de Droit de l'Université Karl Marx de Leipzig pour plaider lui aussi l'extension du champ d'action des brigades[1]. Pour cet assistant, les brigades doivent pouvoir décider en matière de formation des cadres, du calcul des normes, du recrutement interne. La distribution des primes doit être de leur ressort tout comme les questions personnelles. Allant plus loin encore, un autre assistant du même institut de Leipzig appelle au transfert au profit des brigades des pouvoirs en matière d'envoi des cadres en école professionnelle, et à l'autonomie en ce qui concerne les assurances sociales. Il réclame, de surcroît, la suppression des cartes de pointage. Il n'est pas jusqu'aux salaires qui ne doivent leur être, à ses yeux, intégralement payés en cas d'interruption du cycle de production[2].

De telles positions n'ont pu laisser de marbre les autorités politiques et syndicales qui ont vu dans ce mouvement une atteinte intolérable à leurs propres droits. A la fin du mois de mai 60, à sa 4e session, FDGB condamne les 22 thèmes de Schmulzer[3]. Certaines directions syndicales d'entreprise sont blâmées pour n'avoir pas suffisamment contrôlé les brigades dont le chiffre a grossi trop rapidement[4]. Quant au parti, sa réaction s'opère en deux temps : en affirmant d'abord que les propositions d'Apell n'ont pas été discutées[5] et en condamnant toute espèce de fractionnisme[6]. En réaffirmant, ensuite, les principes intangibles du socialisme existant: direction unipersonnelle de l'entreprise, autorité conférée aux mandataires de la classe ouvrière et qui sont le chef de département, le contremaître, le brigadier, le syndicat, seuls responsables de la

---

[1] *Das Arbeitsrecht,* 1950/5 (R. SCHMULTZER "Einige Probleme der Erhöhung der Eigenverantwortlichkeit der Brigaden der sozialistischen Arbeit und ihre weitere rechtliche Ausgestaltung").

[2] *Das Arbeitsrecht,* 1960/5, K. SCHONE "Mehr Rechte den sozialistischen Brigaden".

[3] *Die Tribüne,* 28 mai 1960.

[4] *Die Tribüne,* 17 mai 1960. Il est à noter qu'en juin 1959 on compte 16 307 brigades pour 192 000 membres. En juin 1960, il y a 120 040 brigades pour 1,5 million de membres.

[5] *Neues Deutschland,* 8 avril 1960.

[6] *Das Arbeitsrecht,* 1960/6.

participation des travailleurs, réunis au sein "des conférences de production permanentes comme organes élus des syndicats"[1].

Aussi, dès juin 60, la timide libéralisation de brigades est-elle terminée et avec elle la énième tentative d'accorder un début d'autonomie aux collectifs de base. C'est bien ainsi que l'entend le Parti, lui qui écarte toute idée de syndicalisme (*Syndikalismus)*, c'est-à-dire de forme organisée de revendication, susceptible de représenter d'autres intérêts.

> *"D'autres camarades en sont venus à l'idée -s'écrie Ulbricht à la conférence du Parti de Leipzig le 29 mai 1960 - que ces brigades devaient maintenant disposer de droits particuliers, ils voulaient reporter sur les brigades une part des prérogatives des chefs d'atelier. Or comme les camarades m'en informaient, j'ai écrit : le syndicalisme (Syndikalismus) est incompatible avec la ligne du parti. Et ce n'est pas parler de façon juste si l'on dit, de cette tribune, que l'on va trouver comme solution des conseils dans les brigades socialistes. Ce n'est pas la solution. La véritable voie, c'est la conférence de production. Nous ne ferons aucun changement de structure"*[2].

.m.3.6. Crise des normes, des salaires et résolution : le mur

En considérant la permanence de la lutte contre les normes dites techniques, force est de conclure à l'échec partiel des autorités dans la période 1949-1961 : durant ces 12 ans, elles ne sont pas parvenues à imposer complètement leurs vues en la matière. Les deux tableaux suivant le montrent[3] :

---

[1] Conclusion des 9e journées du Comité central du 20-23 juillet 1960.

[2] Cité par STARITZ, p. 74.

[3] *Einheit*, 1962/5, pp. 33-42.

Tableau n°1. Part des TAN dans les temps de travail

	1956	1957	1958	1960	1959	1961	196[illegible]
VE Industrie	36.2	38 5	40.3	41.3	38.8	40,2	40.0
Charbon	53.5	58.3	61 1	60.[illegible]	56.3	56.5	56 9
Acieries	33.8	36.8	35.5	35.4	29.3	29.1	28.7
Chimie	33.6	34.8	41.0	40.7	47 3	45.1	45.6
Machines lourdes	23.2	27.9	28 3	29.9	28 9	28.6	29 9
Constructions des machines	31 1	33.4	35.4	37.5	36.6	36 2	36.3
Industrie légere	44.5	45.3	50.7	55 2	56.0	57.5	58.5
Industrie de consommation	27.5	33.8	32.7	37.9	35.4	34.4	36.2

Ce que révèle le premier tableau c'est d'abord la non-généralisation des TAN. Pour le secteur de la construction, cela n'atteint pas les 30% et de surcroît on ne note aucune progression continue. Ceci donne à penser que les dernières années 1959-1960-1961, en dépit d'une reprise en main politique que nous avons notée, n'ont pas marqué un recul de la classe ouvrière.

Quant au second tableau, il révèle deux phénomènes : l'exécution moyenne par branche et le nombre de branches exécutant la norme à plus de 200% .

Tableau n°2. Exécution moyenne des normes et (b) dépassement des 200%

		1956	1957	1958	1959	1960	1961	196[illegible]
VE Industrie	a	135.1	144,4	148,27,	152 41	155,51	160,31	160,41
	b	2,6	6.3	5	0.6	2.1	5.3	5.9
Charbon	a	116 0	119,6	120,5	122.7	125,7	128.1	125,40
	b	0.1	0 2	0.3	0.4	0,4	0.3	4
Acierie	a	134,22,	146,06.	147,06,	150,98.	154,41	156,61	160,11
	b	6	4	4	0	0.2	2,2	2,4
Const.Machines lourdes	a	145,34,	158,51	160,11	173,51	181,42	187,83	190,15
	b	2	0.5	3,4	8,7	7,2	0,8	3.8
Constr.Machines en gal.	a	149,26.	159,41	166,01	172.52	177,53	189,23	191.14
	b	0	2,7	7,6	4,1	8,9	9,4	1,6
Industries légeres	a	132,61,	142,64,	144,24,	138,72,	139,52,	145,83,	146,14
	b	5	1	7	3	4	9	3
Industrie de consommation	a	125,10,	128,20,	132,40,	136,31,	137,01,	139,01,	125,01
	b	2	5	8	4	8	7	3
Chimie	a	130,01,	135,52,	140,72,	138,71,	142,22,	147,02,	146,52
	b	0	1	3	8	0	8	7

L'exécution moyenne des normes est assez élevée et puisque les 200% sont assez souvent dépassés, l'on peut croire qu'une grande part de ces normes ne sont pas en fait techniquement fondées. L'auteur de l'article cité avance que l'habileté, l'expérience ou le caractère particulier de certains travaux peuvent expliquer un tel dépassement[1]. Ceci est juste mais n'enlève rien à la répartition spécifique des branches par rapport à la moyenne indiquée :

- la part la plus élevée renvoie à des branches où traditionnellement le mouvement ouvrier est très puissant ; les machines lourdes et plus généralement encore l'ensemble du secteur de la construction des machines ;
- la part la moins élevée renvoie aux branches des biens de consommation où traditionnellement le mouvement ouvrier est plus faible ;
- restent les industries du charbon qui, dans notre exemple, s'apparentent au dernier groupe et dont les caractères traditionnels les reporteraient plutôt sur le premier groupe. Leur situation s'explique peut-être par le fait que le charbon étant un produit essentiel de l'économie, le système disciplinaire, et partant, un plus grand contrôle et une plus grande application des directives centrales y soient plus efficaces qu'ailleurs.

Ce non-suivi général des directives centrales, le troisième tableau le montre clairement.

Tableau n°3. Place et hauteur des salaires planifiés
et des salaires réels dans l'industrie

	Tarif horaire		Tarif effectif		B/A
	Place	Pfenning	Place	Pfenning	%
Charbon	1	222	5	302	73,8
Mines	2	215	3	305	70,5
Cuivre	3	187	18	259	72,2
Coke	4	183	30	251	72,9
Métaux	5	169	12	278	60,8
Acier	6	168	14	271	62,0
Const. Mach.	7	168	9	279	60,2
Const.Marit.	8	166	2	308	53,9
Energie	9	166	4	304	54,6
Chimie	10	166	6	291	57,0
Construc.	11	166	34	235	70,6
Machines lourd.	12	166	13	278	59,5
Chimie lourde	13	165	26	252	65,5

Source : *Vierteljahreshefte zur Statistik der DDR* 1958/1 p. [illegible]6 cité par Bust-Bartels p 67.

---

[1] *Idem*, p. 35.

La hiérarchie des salaires planifiés ne correspond pas du tout à celle des salaires réels. Ceci tend à prouver que le pouvoir de "négociation" des ouvriers n'est pas annulé par les mesures répressives qui peuvent par ailleurs frapper la classe ouvrière. L'industrie qui occupe la première place dans la hiérarchie des salaires réels ne se trouve qu'à la 35e place des objectifs planifiés et certaines branches prioritaires semblent, en revanche, ne pas être le lieu de négociations intenses. En tout état de cause, de telles données révèlent d'importantes distorsions entre la volonté centrale et la réalité des entreprises.

Ceci a amené Ulbricht à se plaindre de la situation en 1961 en ces termes :

> *"Les relations entre le niveau de productivité atteint et le développement du salaire moyen se sont aggravées dans les dernières années parce que le progrès technique en ce qui concerne les normes de travail n'a trouvé aucune répercussion. Par le bringuebalement des normes (Normenschaukelei), l'absence d'ordre et de discipline dans les entreprises, la loi économique du partage selon le travail accompli a été violée. A la place du combat pour l'exécution du plan s'est développée une idéologie de consommation"*[1].

La construction du mur de Berlin est venue à point pour permettre aux autorités de reprendre en main une situation défavorable à leurs yeux. Non pas seulement pour endiguer la fuite des capitaux et des citoyens mais pour, cette fois, imposer à l'abri des regards et des commentaires hostiles un ordre dans l'entreprise que la décennie 50 n'a pas réussi à actualiser totalement.

---

[1] *Idem*, p. 36.

CONCLUSION

L'examen de notre période appelle ainsi trois constatations :

- L'échec de la politique centrale des salaires et des normes témoigne du maintien de la capacité ouvrière à imposer certains de ses choix d'autant que, comme le soulignent certains observateurs, la concurrence entre ouvriers n'a pas été aussi forte qu'on le souhaitait. En majorité, les travailleurs ont investi les branches où les salaires horaires correspondaient à l'exécution de normes moins élevées et non les secteurs à hauts salaires et aux normes élevées.

- Les organisations sociales ne sont pas apparues totalement inféodées au parti communiste. En défendant le principe d'égalité salariale et en luttant en certaines occasions contre l'introduction du salaire au rendement, elles ont témoigné de la persistance d'un syndicalisme revendicatif et, partant, de l'influence des modèles d'action prévalant avant 1933. Il n'est pas étonnant dans ces conditions que l'un des adversaires les plus constants soit incarné par ces vieux militants, membres du KPD ou du SPD avant le nazisme, et qui représentent pour le pouvoir nouveau une source de contestation permanente. La fin des conseils ouvriers de 1948 ne les a pas totalement éliminés. Plus encore, cette permanence témoigne une nouvelle fois que la fracture entre les travailleurs et l'autorité ne passe pas nécessairement par l'appartenance politique et, bien entendu, syndicale. Elle passe par l'appartenance aux appareils de pouvoir.

- La construction du mur de Berlin constitue la condition de possibilité essentielle pour une remise en ordre généralisée des rapports de travail notamment et l'élimination de la contestation. Si la période d'avant la construction de la RDA a été définie comme celle de l'idéologie quantitativiste (die Tonneideologie), celle qui lui fait suite ne semble pas jouir, rétrospectivement, d'une réputation plus élevée. Ainsi peut-on lire dans le mensuel du parti d'octobre 1962 que la décennie écoulée s'est caractérisée par "un dépassement élevé des normes de travail, par la non-observance de la discipline technologique et de la qualité exigée des produits, par la non-observance des principes de protection du travail et des règles requises en la matière". Ce qui en a résulté, c'est "l'usure des machines et des outils de production, dont la qualité a diminué, et les accidents du travail"[1].

C'est bien une décennie d'échec que le mur a prétendu surpasser pour ouvrir cette fois sur la construction ferme et définitive du communisme[2].

Mais avec la construction du Mur, un changement s'opère non pas tant au niveau de la fin, qui demeure identique (c'est la fin téléologique du marxisme-léninisme est-allemand réalisé hic et nunc), que des moyens utilisés. Ce changement était déjà sensible dans les années 57-58 lorsque le concept de scientificité fit son apparition et, avec lui, celui d'organisation scientifique du travail. Il ne cessera, par la suite, d'être repris. Ces moyens entendent se fonder sur une meilleure connaissance de la réalité (d'où l'essor des sciences de la nature et des sciences sociales) pour mettre en place des procédures plus efficaces. S'il est une évolution, elle est à comprendre dans ce passage de la mobilisation consciente, qui avait caractérisé les premières heures comme on l'a vu avec Hennecke, à l'efficacité organisationnelle. L'échec des différents plans économiques et les incertitudes sociales de la fin des années 50 (que traduit l'accroissement des départs pour l'Ouest) mènent ainsi à la réélaboration des procédures de gestion et de participation dans le sens d'une plus grande efficacité. La technicisation du développement social l'emporte sur l'enthousiasme initial.

Dans cette optique, les organisations industrielles et, à l'intérieur de celles-ci, les syndicats, ont reçu pour mission, plus encore que par le passé, de favoriser l'émergence et l'épanouissement de la personnalité socialiste par la mise en place de procédures et d'instances rigoureusement agencées. L'autarcie politique recherchée avec la construction du Mur doit servir cet Homme nouveau, enfin conforme à la prescription centrale, accomplissant son travail sans rechigner et dans la joie. Le message de Lénine et, avec lui, l'élaboration de tout un système de références strictement conformes à la lettre du système, à l'aide des justificatifs scientifiques, sont seuls en mesure de légitimer l'action de l'autorité.

Mais cela nous autorise-t-il à penser la période précédente comme la prémisse des années ultérieures ? C'est ce que chercheront

---

[1] *Einheit*, 1962/10, p. 36.

[2] *Junge Welt*, 13 octobre 1968.

à faire croire les historiens en posant les jalons d'une histoire développant majestueusement les plis de la dialectique, agençant le mouvement des individus aux groupes et ceux-ci aux organisations de masse. Avec cette interprétation, la notion de conflit disparaît pour laisser place à l'harmonie des rapports sociaux et à l'inéluctable victoire d'un geste politique. Hennecke, lui-même, ne sera pas en reste, puisque vingt ans après son exploit, il déclarera qu' "il s'agissait alors de consolider la puissance politique"[1]. Cette interprétation passe ainsi sous silence les oppositions et l'on se croit habilité, de ce fait, à parler d'harmonie et d'entente. Mais par ailleurs, elle se fonde sur l'affirmation qu'après l'ère des fondements, vient celle de la stabilité du système et ce qui est certain, c'est que les principales données de l'organisation en RDA semblent avoir été fournies dès l'origine. A cet égard, les années 60 et 70 n'inaugureront pas un nouveau système d'ordre dans l'entreprise. Les mêmes acteurs s'y retrouveront, sans guère de tâches différentes et dans un rapport hiérarchique quasiment identique. Le même souci du travail exemplaire, la reconnaissance des meilleurs éléments de l'atelier, les innombrables panneaux d'affichage vantant les mérites de tel ou tel, tout, en un mot ce que le mineur de Zwickau a cherché à instaurer se retrouve quasiment inchangé deux décennies plus tard.

Faudra-t-il alors conclure qu'il s'agissait d'une période calme ? Sans aucun doute, là encore, les conflits ne sont plus aussi

---

1 Le plan de 7 ans, inauguré en 1958, sera abandonné en 1962 et les résultats de 1965 seront largement inférieurs aux prévisions, comme le montra le tableau suivant :

	Etat 1958	But du plan de 7 ans pour 1965	Etat en 1965
Charbon	274 mill. tonnes	278 mill. tonnes	251 mill. tonnes
Energie élec.	37 mds kw/h	63 mds kw/h	53 mds kw/h
Acier	3 mill. tonnes	4,6 mill. tonnes	3,9 mill. tonnes
Voitures	38 000	108 000	102 000
Motos	81 000	115 000	63 000
Appareils TV	180 000	760 000	536 000
Mach. à laver	49 800	212 000	289 000
Parcs/100 ha	116	135	139
Pdt/ha	161	245	177
Betteraves	312	385	263

Source : H. WEBER, *idem*, p. 301.

violents qu'auparavant. Le Mur marque une césure dans la vie de ce peuple et l'alternative au système existant paraît bien improbable[1]. Ce qui semble s'imposer, plutôt, c'est une répétition poussée jusqu'à l'extrême de quelques formules, c'est la reprise incessante de quelques principes, c'est l'élaboration de modèles d'organisation où règnent discipline et respect de l'ordre jusqu'à donner l'image d'un mouvement uniforme.

---

1 *Idem*, p. 327.

DEUXIEME PARTIE

ORGANISATIONS ET ACTEURS
L'HABITUS SCIENTIFIQUE

La décennie qui s'ouvre avec la construction du Mur de Berlin est dominée par la mise en chantier, puis la réalisation de la réforme économique, connue sous le nom de Nouveau Système Economique (NOS)[1] .Nous n'en suivrons pas ici les développements au niveau de la transformation des mécanismes locaux et centraux de gestion[2] mais nous verrons en conclusion combien le concept d'organisation scientifique qui s'y est trouvé

---

1 Neues Ökonomisches System der Planung und Leitung der Volkswirtschaft.

2 En français, voir les ouvrages et articles suivants :

Jean-Charles ASSELAIN, *Plan et profit en économie socialiste*, les Presses de la FNSP, 1981, 329 p. ; les pages 183-265.

Marie LAVIGNE, *Les économies socialistes soviétiques*, Paris, A. Colin, 1979 ; les pages 76-139.

Wlodzimierz BRUS, *Histoire économique de l'Europe de l'Est*, Paris, la Découverte, 1986, les pages 187-189.

Doris CORNELSEN, "L'Economie de la RDA durant l'ère Honecker", in la *Revue d'Etudes comparatives Est-Ouest*, déc. 1989, vol. 20, n°4, pp. 9-27.

Ivan SAMSON, "La RDA de Honecker ou la recherche d'un socialisme prussien", *idem*, pp. 26-43.

En anglais :

Michael KEREN, "The New Economic system in DDR : an arbitrary", *Soviet Studies*, vol. XXIV, n°3, avril 1973, pp. 554-587.

David GRANICK, *Entreprise Guidance in Eastern Europe. A comparison of four socialist countries*, Princeton, 1975 ; les pages 131-228.

Hartmut ZIMMERMANN, "The GDR in the 1970's" in *Problems of Communism*, March-April 1978, pp. 1-40.

En allemand :

H. WEBER, *op. cité*, les pages 404-436.

Karl C. THALHEIM, *Die Wirtschaftspolitik der DDR im Schatten Moskaus*, Hannover, 1979.

associé n'a, sur certains points du moins, rien apporté de neuf aux prescriptions précédemment énoncées en la matière.[1]

Modifions notre angle d'approche et plutôt que de suivre l'évolution linéaire au cours des années 60 du concept d'organisation, transportons-nous dix ans plus tard au coeur de l'atelier est-allemand. A ce moment-là, le système organisationnel s'est stabilisé et, indépendamment du remplacement à la tête des affaires de Ulbricht par Honecker, les grandes harmonies de la régulation est-allemande sont établies. Le contrôle étroit des actions de chacun, l'interconnexion des différents pôles de pouvoir, la toute-puissance du parti dirigeant et la soumission des organisations sociales, tout cela est un fait acquis. Organisations et acteurs déploient alors pleinement leurs potentialités- dans un cadre extrêmement rigide et on laisse bien peu de marge aux différents acteurs. L'examen de l'atelier (I), des combinats (II) et de l'organisation syndicale (III) le montre et aide ainsi à comprendre la très faible amplitude des variations au cours du temps de ce concept d'émulation (IV).

---

1 Au sein de ces formes restées quasiment inchangées, relevons que le comité de production (des produktionskomitee) a remplacé la conférence de production (die produktionsberatung) de 1963 à 1971. Cette nouvelle instance n'était pas un organe syndical puisque ses membres étaient élus parmi les membres du personnel. Cependant, ils devaient d'abord avoir été choisis par le comité syndical. Ses tâches principales étaient d'assurer un contrôle de la production et de fournir des conseils pour aider l'augmentation de la production et une meilleure planification. En réalité, cette instance ne disposa d'aucun pouvoir réel et fut donc mise à l'écart, au tout début de l'ère Honecker. Sur ce point, voir A. BUST-BARTELS, *op. cité*, p. 98 et suiv. ; *Die Arbeit*, 1971/10, p. 30 ; BECKER, "Die sozioökonomische Funktion der Produktionsberatungen", in C.P. LUDZ, *Studien und Materialien zur Soziologie der DDR*, Köln, 1964, Sonderheft 8, p. 183.

TROISIEME CHAPITRE

La régulation dans l'atelier*

Il existe dans l'atelier est-allemand une pluralité de textes qui codifient les actions de chacun, établissent les principes salariaux et fixent les relations des travailleurs entre eux. Ces textes - plans, conventions, contrats divers - ont une fonction de régulation importante qui excède bien souvent le champ même de l'unité de travail pour ouvrir sur la vie collective, qu'il s'agisse de l'école ou de la famille - et assurer ainsi aux divers éléments du système social une influence réciproque.

* Une première version de ce chapitre est parue sous le titre "Organisation formelle, organisation réelle, la régulation socialiste est-allemande", in *Communisme*, 1990/23.

1. TEXTES, CONTRATS ET ENGAGEMENTS LA DOUBLE REGULATION

Qu'il s'agisse de l'entreprise ou de l'atelier est-allemand, la régulation à ce niveau s'ordonne autour d'un texte fondamental : la convention collective qui résume en son sein les tâches (le plan) et les engagements de chacun (l'émulation socialiste) dans leurs différents rapports. Trois traits principaux définissent cette régulation :

- le premier renvoie à la notion d'engagement contractuel : le texte qui requiert l'accord des principales autorités de l'entreprise (les hiérarchies économique, sociale et politique) selon des modalités temporelles et organisationnelles données, a valeur d'obligation pour les contractants en ce qu'il définit des droits et des devoirs ;
- le second renvoie à la notion de reconnaissance : les individus et les collectifs qui remplissent les conditions fixées dans les contrats reçoivent en échange, et selon des règles déterminées, des avantages matériels et moraux ;
- jusque-là, rien ne distingue vraiment de tels textes de leurs homologues signés dans l'enceinte de production capitaliste. Mais parce que précisément ils s'élaborent dans le cadre d'une communauté originale - l'entreprise socialiste -, ils font appel à une dimension qui, aux yeux des autorités, lui appartient en propre : le comportement de camaraderie. Celui-ci met en jeu un type de relations spécifique aux moyens de production (collectifs), aux forces productives (libres) et aux institutions représentatives enfin (les syndicats).

Tels sont les trois traits que les textes ont pour fonction d'actualiser, au niveau central et au niveau local.

1.1. La régulation centrale

Le texte de base est la convention collective. La discussion du contenu du plan commence lorsque l'entreprise ayant reçu ses tâches pour l'année à venir de la part de son supérieur hiérarchique - le plus souvent un ministère ou une région -, le directeur se charge de les remettre aux différents collectifs de travail. Le plus souvent, cela a lieu en juillet ou en août. Les tâches centrales d'émulation adoptent rigoureusement la même procédure, à la différence qu'il revient au responsable syndical d'entreprise de les répartir.

Au mois de septembre (voire octobre), les différents collectifs résument les résultats des discussions qui ont eu lieu précédemment et cela par l'intermédiaire de leurs représentants techniques (brigadier ou contremaître) qui inscrivent les engagements propres des collectifs de base comme partie intégrante du plan central. Au même moment, l'homme de confiance syndical (der Vertrauensmann) fait de même dans la brigade pour ce qui concerne l'émulation afin que la commission de département, si elle existe, puis la commission d'entreprise (*Die Betriebsgewerkschaftsleitung*, BGL), l'inscrivent au plan.

Au mois de novembre-décembre, l'entreprise reçoit les données définitives qui sont alors réparties dans les départements et dans les groupes. Le 1er janvier voit le début de l'exécution du plan annuel qui sera bien souvent corrigé dans les mois suivants mais également récapitulé dans des évaluations dont le rythme varie en décade, mois, trimestre et semestre.

La préparation, la mise au point, l'élaboration et finalement la signature mettent en jeu les responsables économiques (Die staatliche Leitung) et les responsables socio-politiques selon un ordre identique (entreprise, département, atelier, brigade). A chaque niveau, les chefs sont appelés à donner leur accord après avoir réuni la totalité de leurs subordonnés. Pour les entreprises de plus de 500 salariés - c'est le cas pour 30% d'entre elles -, la réunion par le directeur des hommes de confiance joue un rôle essentiel car c'est là que se concentre la majeure partie des critiques concernant le fonctionnement interne de l'unité de travail.

Le second élément de cette régulation est constitué par le plan général d'émulation socialiste à l'instant mentionné. Ce qui le différencie du plan économique, c'est essentiellement la recherche de la qualité. S'il en est étroitement dépendant - au point parfois de s'y identifier - il l'excède néanmoins car il représente un engagement de dépassement et cela, notamment, par la recherche de l'abaissement des coûts. En d'autres termes, si le plan économique fixe un but quantitatif à atteindre, le plan d'émulation propose son dépassement par la poursuite de gains qualitatifs, reprenant les propositions léniniennes en la matière. "Avec la poursuite de l'émulation socialiste - peut-on lire sous la plume d'un observateur[1] - il convient d'orienter toutes les initiatives des travailleurs vers l'élévation significative de la force de rendement et d'utiliser encore plus intensivement les facteurs qualitatifs pour atteindre une croissance accélérée de la productivité, de l'efficacité et de la qualité du travail" et l'auteur de poursuivre : "le but principal est l'exécution élargie des tâches fixées par l'Etat. Par la réalisation du plan et des tâches qui lui sont attachées, les collectifs sont capables de lier leurs engagements dans le cadre de l'émulation socialiste aux initiatives suivantes :

- pour chaque jour, avec un bon bilan, dans tous les collectifs de travail, sur la base d'engagements propres ;
- plans d'engagement individuels et collectifs ;
- plan personnel du contremaître ;
- plan à partir de l'organisation scientifique du travail".

A la régulation centrale étatique que rend sensible le plan d'entreprise, le plan d'émulation ajoute ainsi, dans la théorie, l'élément de l'adhésion volontaire que traduit le souhait de dépasser la prescription. Et ce sont les syndicats qui ont pour tâche prioritaire de faire émerger cette adhésion lors de la réunion des hommes de confiance. Ainsi au cours de l'une d'entre elles, il est accepté que "pour notre travail quotidien, nous décidons que le contenu de l'émulation se fera à partir du mot d'ordre suivant : une forte croissance de rendement, pour la productivité du travail, l'efficacité et la qualité croissantes. Tous pour le bien du peuple et pour la paix, à partir de quoi le camarade Erich Honecker a fixé la stratégie des années 80[2]." Référence au chef, référence à la ligne énoncée au précédent congrès, l'engagement d'émulation est bien le signe de l'inscription particulière de l'ordre supérieur et celui de la fidélité à la théorie fondatrice : "Sur la base des initiatives - lit-on encore dans le même texte que précédemment - nous conduisons la compétition d'après les principes de Lénine et nous faisons en sorte que tous les travailleurs soient attentifs dans le combat pour l'accroissement du rendement".

---

1 G. SCHAEFFER, *Die gesellschaftlichen, ökonomischen und sozialen Wirkungen des sozialistischen Wettbewerbs im VEB Berliner Bremsenwerk ; Wettbewerb unter besonderer Berücksichtingung der Haushaltbuchführung eine Ableitung von Schlussfolgerungen zur weiteren Qualifirierung der Wettbewerbsführung*, Berlin, Hochshule für Ökonomie "Bruno Leuchner", 1983, 82 p.

2 Résolution établie le 25.1.1982, *idem*.

Le plan d'innovation, troisième et dernier contrat central, est élaboré sur le schéma organisationnel et temporel des deux précédents. A côté des tâches objectives contenues dans le premier et de l'adhésion requise par le second, celui-ci est censé représenter le facteur créateur de l'organisation. Il reflète l'étroite centralisation du mouvement[1]. Il commence en janvier, dès que sont connues les tâches annuelles (ou quinquennales) et c'est au directeur chargé de l'innovation auprès du directeur général du combinat d'assurer la coordination des actions avec les représentants syndicaux centraux. Cette première étape dure jusqu'au 15 mars, date à laquelle les coefficients et indices d'innovation sont arrêtés par les entreprises du combinat. Durant les six semaines suivantes, il appartient au directeur général du combinat de répartir entre les différentes entreprises subordonnées les thèmes d'innovation et chaque directeur d'unité répartit à son niveau les buts fixés et les moyens pour y parvenir, assisté en cela de son responsable syndical d'entreprise et du collectif d'innovation et d'émulation. A compter du mois de mai, et ce jusqu'à la fin de l'année, les responsables syndicaux des différents échelons prennent en charge les directives ainsi établies.

De cette première étape de la régulation, retenons quatre traits :

- l'ensemble des tâches, pour autant qu'elles sont confirmées dans l'entreprise, n'en est pas moins d'abord élaboré en dehors d'elle, à un niveau hiérarchiquement supérieur ;
- la totalité des acteurs internes se trouve associée à la mise au point des différents textes selon un ordre et un type d'association qui mettent en valeur la primauté des règles verticales ;
- la notion de participation est donc fonction d'une organisation rigoureuse du temps et de la hiérarchie qui ne laisse aucune place à la spontanéité mais entend bien adapter toute volonté particulière à un objectif planifié commun ;
- ceci constitue, en conséquence, un dispositif très lourd tant du point de vue de l'information que de la communication entre les différentes parties appelées à collaborer .

Ceci se répercute au niveau des cellules de base, les brigades, chargées concrètement des tâches centrales selon des formes d'association et de régulation propres.

---

[1] Nous prenons ici pour exemple la grande entreprise de chimie Leuna Werke.

1.2. La régulation locale

Cette forme de régulation énonce les principes contenus dans les textes généraux et met en jeu soit des collectifs soit des responsables catégoriels. Cette action collective fait appel à des méthodes originales et, dépassant en certaines circonstances l'atelier, elles ouvrent sur l'environnement social élargi, conférant à la brigade une place particulière.

Le premier document est le plan collectif de la brigade qui inclut les tâches principales du collectif conformément à la distribution analysée plus haut. Ce document est signé par le contremaître (ou le brigadier), par l'homme de confiance et par le cadre économique immédiatement supérieur. C'est ce texte qui donne naissance à des formes plus individualisées de procédures contractuelles : à commencer par le plan d'engagement personnel (das persönnliche Planangebot) qui concerne exclusivement les ouvriers de la production et dont l'objectif est d'économiser les matériaux, d'améliorer la qualité, les gains horaires, etc. Comme l'indique un document élaboré en 1982 par un ouvrier d'une usine de pneus située dans la capitale, "la proposition du plan individualisé est l'expression concrète de l'adhésion et de la participation réelles du personnel à l'émulation socialiste. Elle a pour but de diminuer les coûts inscrits dans le livre du budget"[1]. Ce document trouve son équivalent pour les contremaîtres dans le plan pour le contremaître qui s'attache lui aussi à améliorer la totalité des travaux entrepris dans sa brigade en mettant l'accent, là encore, sur l'économie des matériaux.

Second type de régulation locale, celui représenté par la brigade des jeunes innovateurs qui regroupe des jeunes travailleurs de moins de trente ans et dont l'objectif est non seulement de réaliser les indices inscrits au plan mais surtout d'assumer le mouvement des "spécialistes de demain" (MMM). Sous cette appellation, il faut entendre tout un ensemble de manifestations - échange d'informations, expositions, etc - qui cherchent à mettre en valeur l'innovation et plus largement les valeurs créatrices qui voient le jour dans l'entreprise et dans l'atelier[2].

---

1 Voir note 1, p. 102.

2 Voir sous la direction de Harmut ZIMMERMANN, *DDR-Handbuch*, Köln, 1985, 2 tomes, 1660 pages, pp. 1192-1208.

Or, selon les termes du règlement de l'innovation[1], les brigades concernées se doivent de collaborer avec les organisations sociales et politiques selon des procédures là encore très lourdes. De la sorte, sont assumées les tâches d'évaluation et de critique (par le secrétaire du parti mais aussi les cadres économiques et le directeur de l'entreprise) et les tâches de contrôle (par les syndicats).

En a-t-on fini avec la description des relations contractuelles dans l'atelier ? Ce serait oublier les nombreuses méthodes qui, plus ou moins propres à des branches industrielles ou à des catégories professionnelles données, cherchent toutes à faire émerger les réserves de productivité des collectifs.

1.3. Les méthodes

Plus qu'un ensemble de techniques de mobilisation puissamment élaborées, ces méthodes semblent avoir deux fonctions principales : la première, nominale d'énonciation des buts à atteindre en fonction d'un champ d'action défini : le transport, l'alimentation, l'approvisionnement, etc; la seconde, de filiation : l'exemple à suivre est bien ici le patron soviétique, celui qui non seulement fournit le cadre de l'action mais les moyens de la mener. Comme dans les toutes premières années du régime, l'exemple vient toujours de l'URSS. Rappelons, dès lors, huit méthodes de ce type qui sont les plus fréquemment citées[2].

La première est l'initiative Rostock (propre aux mines) pour l'utilisation intensive des capacités de transport et grâce à laquelle le collectif s'engage à livrer en temps voulu les combustibles nécessaires à la population.

La méthode Smirnov offre la particularité dans le cadre de l'émulation socialiste de se concentrer là où la productivité est défaillante : ici l'on s'engage à économiser les matériaux, à

---

[1] Voir *das Arbeitsgesetzblatt*, Par. 36, 37.

2 Voir G. PANNIER *Neue wissentschaftliche und praktische Erkenntnisse zur Entwicklung der schöpferischen Masseninitiative der Werktätigen mit dem Schwerpunkt des sozialistischen Wettbewerbs und ihrer Anwendung auf den Betrieb VEB Kohlhandel*, Berlin, Berlin Hochschule für Ökonomie "Bruno Leuchner", 1983, 40 p.

augmenter les qualifications, à utiliser pleinement le temps de travail.

La troisième a pour but d'assurer un approvisionnement ininterrompu en veillant tout particulièrement à la ponctualité, aux outils de travail, à la sécurité des transports et à l'élargissement des expériences.

Celle qui lui fait suite concerne également l'approvisionnement et propose - mais est-ce nouveau ? - un examen quotidien du plan, des discussions personnelles entre le chef et ses subordonnés, l'établissement de conclusions par décade de travail.

Le principe de la méthode Saratov est d'identifier toutes les fautes qui peuvent être commises dans le cours du travail et, plus adaptée aux administrations, elle invite à mieux individualiser les tâches pour permettre à chacun de corriger ses erreurs.

La méthode Bassov vise à améliorer les conditions de travail sur la chaîne et s'adresse plutôt aux chefs appelés à mieux organiser leur travail en veillant à la sécurité de leurs travailleurs et en contrôlant plus efficacement les machines avant le début du travail.

La méthode Nina Navratov cherche à réduire les temps d'attente et, comme la précédente, invite les utilisateurs à bien vérifier leurs machines avant de les mettre en marche.

Le travail avec le livre du budget a pour objectif l'économie des matériaux et cette méthode propose toutes les possibilités qu'il recèle. C'est là, en effet, que doivent être indiqués les gains de qualité et de temps selon des échelles temporelles élaborées dans les bureaux centraux des méthodes qui permettent de quantifier ainsi tous les efforts de la brigade. Comme l'écrit un observateur, "le livre des comptes est un instrument essentiel pour mesurer la part du collectif et de chacun dans les résultats généraux de l'entreprise"[1].

Ainsi, deux éléments dominent dans ces différentes méthodes : le premier renvoie à la notion de bricolage de ces méthodes, à celle de conseil, voire de "truc", mais certainement pas à un corpus de données théoriques approfondi. On est ici au niveau du bon sens et de ce qui caractérise un travail efficace : l'attention, la ponctualité, la propreté de l'outil de travail. Du coup, l'on ressent à la lecture de ces méthodes un sentiment d'organisation primitive des ateliers qui convient peut-être à une population fraîchement industrialisée comme a pu l'être en son temps l'Union soviétique, mais certainement pas la RDA. On ne s'étonnera pas, dès lors, que, aujourd'hui comme hier, les mêmes réflexes psychologiques

---

1 E. JAHN, *Planaufschlüsselung im Betrieb, Dissertation A*, Berlin, Hochschule für Ökonomie "Bruno Leuchner", 1974, p. 125.

d'adhésion, de conviction et de discipline soient requis comme les bases de la culture socialiste du travail. Mais ce faisant, l'on est en droit de s'interroger sur la validité d'une telle régulation dans les cas où cette simplicité laisse place à des systèmes d'action complexes et où la technique l'emporte sur les catégories de la conviction.

Souci de soi, souci des autres, la méthode cherche ainsi à toujours mieux agencer les différentes parties selon un modèle somme toute simple dont la brigade d'exception fournit l'exemple le plus achevé car elle combine toutes les dimensions jusqu'ici révélées dans l'entreprise. C'est elle en effet qui symbolise au mieux cette union de la volonté centrale et de l'accord local.

1.4. La brigade de travail socialiste

Concourir pour l'obtention d'un titre socialiste, c'est s'engager au-delà de ce qui est indiqué comme suffisant ; c'est donc révéler la nature prioritaire de l'effort conscient sur la norme objective. L'on relève ainsi l'existence de plusieurs titres qui sont décernés sur proposition des cadres économiques et des syndicats au directeur, et remis lors de fêtes nationales (comme le 7 octobre, le 1er mai ou le 8 mars) ou locales (la fête de la branche ou de l'entreprise) et cela, à partir d'un quota de récompenses décidé en haut lieu, c'est-à-dire selon un plan de récompenses et de titres fixé centralement[1].

[1] *Statistisches Jahrbuch der DDR*, 1988, p. 133.

Distinctions étatiques décernées aux participants des mouvements d'activistes et d'émulation :

	1960	1970	1980	1987
Héros du travail	25	15	49	55
Bannière du travail				
pour une personne	177	95	1082	943
pour un collectif	19	67	786	1034
pour une entreprise	56	48	78	48
Activiste méritant	597	1555	3842	4348
Innovateur méritant	99	40	27	38
Contremaître méritant	98	115	235	248
Activiste du travail socialiste	96941	168929	304655	282950
Collectif du travail socialiste	1220	24613	184247	261085

On note qu'en 1970, il y avait 9800 foires des jeunes contremaîtres, 128 300 exposants et 615 000 participants ; en 1980, ces chiffres étaient respectivement de 43 100, 740 300 et en 1985 de 51 300, 826 600 et 2 802 900 participants. *Statistiches Jahrbuch der DDR*, 1988, p. 131.

Mais la distinction qui caractérise le collectif socialiste n'est pas du seul ressort économique. Pour prétendre l'obtenir, la brigade doit déborder le cadre de la production. La régulation locale dans l'atelier est, tout autant que par l'économie, dominée par les règles sociales : la règle socialiste n'entend pas se référer au seul rapport de l'homme à sa machine mais également ouvrir sur le rapport de l'homme à son environnement.

Pour comprendre, considérons le collectif "*G. Dimitrov*"[1] qui concourt en 1979, dans le cadre du mouvement "Travailler, apprendre et vivre de façon socialiste" ("*Sozialistisch arbeiten, lernen und leben*"). Ce cadre est toujours en vigueur dix ans plus tard et selon nos observations personnelles demeure le modèle le

[1]Annette KÖLLER, *Das Einbeziehen der WAO-Aufgaben im sozialistischen Wettbewerb. Hauptform der Einflussnahme der Werktätige auf die WAO.* Humboldt Universität, 1980, 54 pages.

plus général de compétition. 28 membres composent la brigade parmi lesquels un contremaître, 26 ouvriers spécialisés et un seul non qualifié. Tous sans exception sont membres du syndicat, 8 sont adhérents du parti communiste (SED), 10 de l'organisation de jeunes (FDJ), 2 de celle du sport et 12 de l'Amitié germano-soviétique (DSF). Relevons encore qu'ils sont 17 à avoir moins de trente ans et qu'ils sont 27 sur 28 à avoir été déjà cités pour travail exemplaire, qu'il s'agisse d'activistes ou de membres de brigades socialistes. Plusieurs ont plus d'une citation à leur actif, certains en ont 9, 10 et même 11.

L'objectif de l'engagement pris au mois de novembre 1978 s'opère en fonction du mot d'ordre national "A partir de chaque Mark, pour chaque heure de temps de travail, pour chaque gramme de matériel, une utilisation plus élevée". Les titres convoités sont au nombre de quatre : - titre du collectif de l'amitié germano-soviétique; titre du collectif de la solidarité exemplaire ; titre du collectif de la qualité remarquable ; titre du collectif de l'ordre et de la sécurité exemplaires.

A ces quatre options correspondent autant d'engagements particuliers qui couvrent les champs de la production, de la qualité, de l'ordre et de la sécurité et enfin de la culture et de la formation : travailler, apprendre et vivre de manière socialiste, telle est bien la catégorie générale de l'action et de la règle dans la brigade.

1. La production. L'on retrouve ici le contenu même des engagements explicités plus haut dans lesquels l'accroissement de la productivité horaire, le gain en économie des matériaux et le dépassement des plans constituent les lignes principales du contrat. Dans ce chapitre, cependant, notre brigade y ajoute le soin particulier à apporter aux apprentis, le souci de mieux utiliser les techniques scientifiques du travail, l'attention soutenue au mouvement des jeunes innovateurs.

2. Pour atteindre une qualité supérieure, les signataires s'engagent à analyser leurs erreurs en les notant chaque jour et à mener chaque mois "le jour de la qualité" tout en s'efforçant de veiller aussi souvent que faire se peut au bon état des machines, cette dernière tâche étant plus du ressort du contremaître.

3. En matière d'ordre et de sécurité, c'est la méthode Bassov qui est appelée à la rescousse pour espérer atteindre de très bons résultats sur ce point. Comme on l'a vu plus haut, cette méthode cherche à renforcer la responsabilité personnelle des travailleurs vis-à-vis de leurs machines et c'est le contremaître, là encore, qui en assume la responsabilité, assisté de l'élu syndical chargé de la sécurité.

4. Mais c'est surtout la culture et la formation qui représentent le chapitre le plus ambitieux de la vie de la brigade. C'est là que s'épanouit la dimension sociale du collectif, autour de trois axes principalement. Axe international, d'abord, puisque les membres du collectif s'engagent à rehausser leur participation financière en solidarité avec les peuples en lutte pour leur indépendance. Les collectes de sang sont un élément supplémentaire mais également le souhait de renforcer les liens avec l'Union soviétique via un échange approfondi d'expériences ou plus simplement de livres. Axe éducatif, ensuite, et ici il faut comprendre deux objectifs : interne avec la volonté de favoriser la qualification de quatre membres de la brigade, le premier à l'école du parti, le second pour qu'il devienne ingénieur, le troisième l'ouvrier non qualifié et le dernier, pour qu'il acquière un titre universitaire. Externe, avec la décision de parrainer la classe n°1 de l'école du quartier. Cela signifie que les enfants de cette classe sont invités à venir passer une matinée avec la brigade dans l'atelier pour s'informer du travail qui s'y fait tandis qu'à l'inverse plusieurs de ses membres participeront à la vie de cette classe en s'informant avec les parents du développement des élèves. L'information sur le panneau mural tendra à rendre compte au mieux de cet échange, jugé prioritaire. Axe culturel, enfin, et là la brigade s'engage à participer à des compétitions de ping-pong et de boules ou, encore, à réaliser une, voire deux sorties par an au théâtre ou à l'opéra, l'administration se chargeant de fournir des billets à prix réduit.

La brigade ainsi conçue s'offre comme le cadre d'un développement pluri-dimensionnel de ses membres. La régulation qu'elle élabore déborde largement le cadre de la production pour mettre en jeu d'autres pôles sociaux et, mieux encore, assurer l'interpénétration des différents domaines chargés de faire s'épanouir la dimension fondamentale de l'altruisme et de la camaraderie.

II. LA REGULATION SOCIALISTE EST-ALLEMANDE

La régulation dans l'atelier adopte ainsi quatre aspects :

La première fonction est de définir un type de relations humaines qui repose sur les ressorts de la fraternité, d'une part, et de l'adhésion à l'ordre reçu, d'autre part. Ces deux dimensions ne sont pas dissociables car il s'agit à chaque fois pour le travailleur socialiste de sortir de lui-même et d'aller vers autrui dans un cadre donné qui justifie ce mouvement d'extériorité. Le texte joue ensuite comme instance de quadrillage de l'action collective. Ce qui s'y trouve inscrit et signé n'a pas seulement pour objet de définir un axe précis de l'action mais également de prévenir la défaillance, le blocage, le défaut éventuels.

Très lourd contrôle, avons-nous dit et cela implique un nombre important d'individus dont la présence consiste à rendre compte de l'action des travailleurs. Le texte a ainsi pour fonction de justifier la présence d'une pléiade de contrôleurs, vérificateurs et surveillants qui, pour autant qu'ils sont payés sur le fonds d'entreprise, relèvent pourtant de hiérarchies qui lui sont extérieures ou sont appelés à d'autres occupations que celles que définissent leurs statuts.

Dernière fonction qui dérive de ce quadrillage et de ce contrôle : le recouvrement des tâches que plusieurs responsables nominaux assument en même temps et d'où il ressort, à ce niveau, que la ligne politico-sociale est tout aussi importante que la ligne productive. Encore une fois, ceci implique paperasserie, rapports, évaluations, comptes rendus, etc.

Ce que définit par dessus tout cette régulation, c'est donc l'écrit, le rapport, le bilan. La nécessité de ces textes se trouve dans la possibilité qui est la leur d'assumer un contrôle de l'action de tous les acteurs et par conséquent, de les sanctionner en cas de défaillance. Car le premier objectif est bien là : dire toute la réalité, à commencer par son manque. Tout aussi utile que l'énoncé de l'action, l'on trouve la volonté de circonscrire l'éventuelle interruption de sorte que la régulation des textes c'est la régulation du vide qui comme tel n'existe plus. Ce qui demeure c'est la faute possible de ne pas avoir respecté le texte qui, lui, aura tout dit. La régulation se veut totale et le projet même de cette régulation atteint, sur ce point, son objectif.

Le deuxième élément de la nécessité qui justifie le maillage serré de ces textes n'est autre que la volonté de conformer l'action collective à un modèle qui met en jeu et le respect de l'ordre donné (dans le temps et dans l'espace de l'entreprise) et l'adhésion à une visée collective. Quoi que les critiques puissent donner à entendre, ces deux dimensions fondamentales de la pratique sociale fonctionnent : l'on signe des contrats, l'on s'engage pour un peu plus que ce qui a été dit. Or ceci a un effet direct sur la régulation interne.

Le conflit dans un tel environnement adopte une forme originale. Certes, si la grève n'est que rarement employée, ce n'est pas parce que les ouvriers s'en détourneraient par nature. L'interdiction d'en faire usage, la peur de la répression et un contrôle extrême, tout cela joue un rôle certain. Mais l'importance des règles hiérarchiques, notamment, est une donnée tout aussi essentielle. Là encore, on le remarquera, les syndicats ne jouent quasiment aucun rôle car, en dehors des réunions des hommes de confiance où, il est vrai, les critiques émergent, on ne trouve guère d'autres forums institutionnalisés de discussions. C'est bien avec le supérieur direct que le compromis est recherché et cette volonté de conciliation interne est sans aucun doute l'un des aspects non formalisés les plus importants dans l'atelier est-allemand.

De ce fait, ce qu'avancent plusieurs observateurs locaux, en matière de relations professionnelles, ne doit pas être tenu pour simple impression subjective : les cadres partagent avec les ouvriers un large souci de la discussion qui fait appel à la reconnaissance technique et pas forcément à la loyauté politique. L'aspect négatif, souligné à l'inverse par ces mêmes observateurs, réside dans cette recherche du compromis acceptable : l'on hésite à tout mettre en cause et de surcroît ouvertement. Les récriminations et les critiques ne sont que rarement rendues publiques. Sans aucun doute doit-on sur ce point faire intervenir également les réflexes d'auto-censure et de réserve que l'observateur étranger rencontre si fréquemment par ailleurs.

L'organisation joue, dans le cas présent, un rôle considérable d'autant qu'elle active des réflexes qui, comme le respect de l'ordre donné et de la hiérarchie, le sens de la discipline et l'importance du droit écrit, ont d'autres résonances dans la culture nationale. Elle agence au travers de ses réunions fréquentes un certain nombre de négociations dont on peut supposer - on l'a vu plus haut - que les parties à la base tirent parti. Finalement, on suit la règle contraignante d'un côté, mais pour un certain profit de l'autre. Car, pour autant que les tâches paperassières prennent du temps, elles assurent cependant déjà à celui qui s'y soumet une certaine reconnaissance. Elles participent, en effet, de la définition de l'action présente, du plan à venir et donc concourent à celle du travail socialiste qui, accompli, entraîne récompenses et avantages.

Accomplir le plan, c'est ainsi le dire, c'est l'écrire, c'est l'inscrire au tableau et c'est la première étape de la reconnaissance. Ce qui s'avère tout aussi important que le résultat économique, c'est le résultat idéologique car c'est précisément là que les autorités entendent puiser leur légitimité. Etre reconnu, c'est en même temps reconnaître le système qui assure ce classement. Sa restitution par les textes implique la restitution par les agents qui en confirment, du coup, le bien-fondé. Régulation d'encadrement et de contrôle avons-nous dit, grâce au contrat. Régulation de reconnaissance faut-il ajouter et l'on ne s'étonnera pas dès lors, du nombre considérable de gens affectés à la répétition : un tiers des actifs syndiqués occupe, à un titre ou à un autre, une fonction d'élu dans les organisations sociales, qu'il s'agisse de l'homme de confiance, du responsable du sport, de la culture, etc.

Que cette action remplisse un rôle économique directement productif, on peut en douter ; que cela favorise l'intégration des divers éléments, assurément, car toute cette armée d'élus se doit d'établir un rapport sur la période écoulée, selon un modèle approchant pour tous et avec quasiment les mêmes signataires. La régulation scripturale met en branle le poids du collectif, plus largement de l'organisation, assurant, de ce fait, un fonctionnement certain de l'ensemble d'autant qu'à cette répétition sont liés promotions et avancements.

QUATRIEME CHAPITRE

Les combinats des années 80

La constitution des combinats correspondait à la volonté de créer de véritables "bastions" productifs dans un environnement économique, constamment défini comme étant en lutte, voire en guerre contre l'ennemi principal, le capitalisme. L'organisation militaire, avec les notions de discipline, d'ordre et de respect, s'y trouva adaptée et l'idée d'état de siège y fut constamment présente, justifiant la prétention à l'autarcie de ces unités. L'objectif était en effet de leur permettre de regrouper en leur sein les entreprises d'un même type ou concourant à la production d'un bien final, dans une ou plusieurs régions du territoire. Cette ambition marquée du sceau d'une volonté centralisatrice parcourut toutes les périodes de la RDA mais elle devait être réactivée au début de l'ère Honecker lorsqu'il fut décidé que les anciens échelons intermédiaires seraient supprimés entre les ministères de branche et les entreprises. La poursuite sans relâche vers toujours plus de concentration de pouvoirs au sommet et, à l'intérieur de la structure de ces combinats, l'instauration d'une différenciation accrue des tâches caractérisa l'économie est-allemande, placée sous la direction de Gunter Mittag. La notion de "Wirtschaftskommando" qui eut tant de succès souligne bien la permanence des notions de lutte, d'attaque et de milieu hostile.

Le mouvement qui débuta à la fin des années 70 concerna les industries des biens de consommation. Placé sous les auspices de la recherche d'une plus grande efficacité, il se traduisit par une recentralisation des pouvoirs de décision et par là-même, une redéfinition des notions de participation des travailleurs à la gestion des entreprises.

1. LES SECTEURS ECONOMIQUES

Sur ce point la réforme amplifia un double mouvement : de concentration, d'abord, des travailleurs dans des unités toujours plus larges. Comme l'indique le tableau n°1, cette structuration a provoqué de 1957 à 1982 un doublement des effectifs dans les unités employant de 2000 à 5000 travailleurs ainsi que dans celles en employant plus de 5000. Cette accentuation de la concentration fut toujours présentée comme un facteur susceptible de favoriser la décision et la participation[1].

---

[1] Voir Katharina BELWE, *Mitwirkung im Industriebetrieb der DDR*, Westdeutscher Verlag, 1979, 224 pages (notamment les pages 52-85.

Tableau n°1. Changement dans la structure des personnels des entreprises de RDA[1]

Nombre de travailleurs	Nombre d'entreprises			
	1957	1967	1976	1982
jusqu'à 25	7107	4332	1192	253
26 à 50	3967	2975	1502	359
51 à 100	2590	2153	1338	498
101 à 200	1646	1489	987	605
201 à 500	1164	4099	1029	928
501 à 1000	484	492	477	566
1001 à 2500	423	397	467	517
2501 à 5000	113	131	168	212
Plus de 5000	44	52	89	91

Le second mouvement concerna l'intégration des différents secteurs économiques. Les réformateurs cherchèrent à toujours mieux adapter l'amont et l'aval de la production des biens, en trois grands groupes susceptibles d'agencer au mieux les besoins des organisations : celui des matières premières, celui des produits intermédiaires et celui des produits finis, avec pour objectif une plus grande fluidité des communications de façon à permettre une régulation centrale optimale.

De la sorte, quatre types de combinats purent être dégagés, chacun ayant des tâches et des fonctions originales dans l'économie générale du système productif.

Le premier est celui des biens de consommation. Il regroupa, notamment, les combinats des produits cuits, de la viande, de la boisson, des meubles, des vêtements, du tricotage, des ustensiles de ménage, des cycles, etc. Son rôle était d'assumer la satisfaction des besoins matériels des citoyens.

Le second, celui des moyens de production, regroupa les combinats des machines, des appareils et des outils ainsi que les moyens de transport dont la finalité était d'assurer la réalisation matérielle des investissements.

---

[1] Voir *Sozialistische Betriebswirtschaft. Industrie. Hochschule,* Verlag Die Wirtschaft Berlin (Ost), 1985, 652 pages, p. 40.

Le troisième était celui des matières premières. Il concerna les combinats des mines, de l'énergie, des cimenteries, etc. Leur tâche était d'utiliser au mieux les maigres ressources du pays en matières premières et d'assurer l'approvisionnement des entreprises consommatrices.

Le dernier groupe était celui des livraisons dans lequel il convient de ranger les combinats de la construction, de la micro-électronique, des outils électriques, de la chimie qui remplissaient tous une fonction d'intermédiaire.

2. LES ENTREPRISES

L'organigramme reposa sur la distinction verticale-horizontale, qu'expriment mieux encore les termes d'organes de hiérarchie et de fonction (linie-stab Organe). La notion de division verticale fait référence aux relations entretenues entre les différents échelons de la décision et de l'exécution. La division horizontale rend compte du système de direction en fonction des phases de la reproduction (recherche et développement / sec-teur de la production / relations extérieures, etc), du processus technologique et des fonctions de direction (planification, contrôle, etc). La distinction "Hiérarchie-Fonctionnel" est, à proprement parler, ce que les Anglo-Saxons appellent "*linien-staff*". Elle renvoie ici, pour le premier terme, à la notion centrale de responsabilité unipersonnelle de chaque cadre dirigeant. Cela signifie que chaque échelon était dirigé par un seul cadre à qui les subordonnés, mais eux seuls, devaient obéissance. Quant à l'ensemble des organes fonctionnels, il avait pour objet de fournir des conseils au secteur de la production sans disposer de pouvoir sur elle. Cela fait référence au bureau du conseiller juridique, à celui de l'inspecteur de la sécurité, du responsable de l'énergie, etc. Il constitua l'état-major de la direction de l'entreprise et aussi celui du directeur général du combinat. Les directions spécialisées, enfin, étaient celles de la rationalisation, des cadres, de la recherche et du développement, de la production, etc.

Ainsi que le précise un manuel, "les organes hiérarchiques constituent l'ossature de la division hiérarchisée du système de direction. Les organes fonctionnels englobent l'édifice hiérarchique du système de direction"[1].

Organigramme et structure de direction d'un combinat[2]

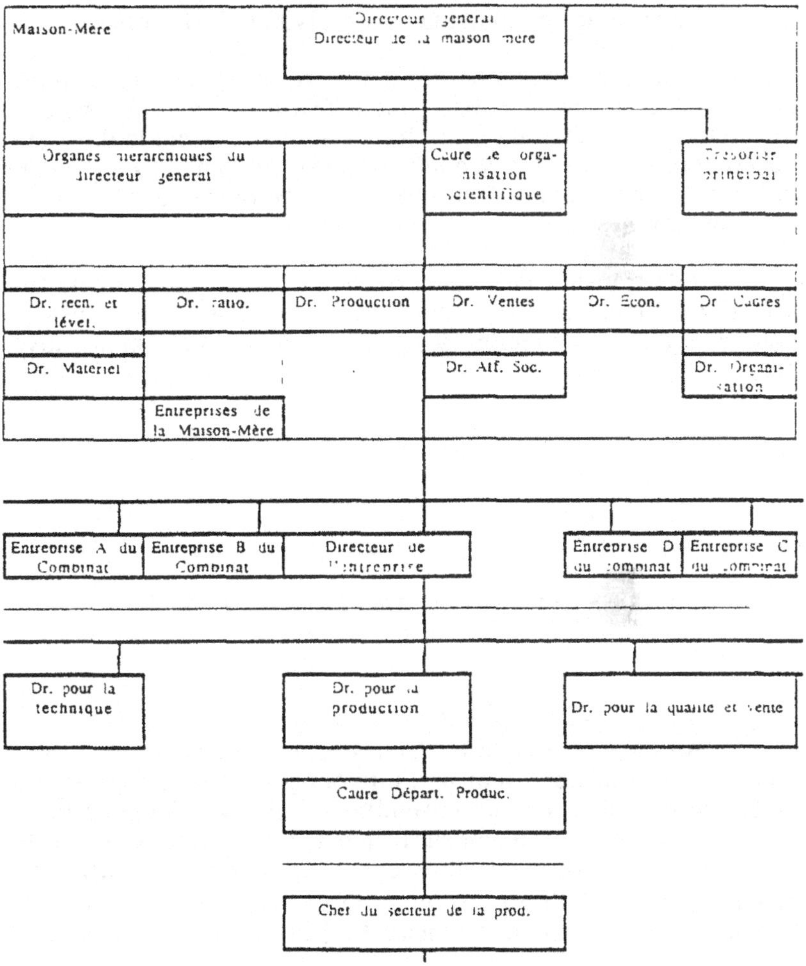

[1] *Idem*, p. 100.

[2] In Fred KLINGER, "Organisation und Innovation- Die Grenzen der Fabrikautomatisierung", in Gert-Joachim GLAESSNER, *Die DDR in der Ära Honecker*, Westdeutscher Verlag, 1988, 689 pages.

Des analystes de l'organisation est-allemande ont pu de la sorte écrire que ce système était à la fois inspiré des considérations de Fayol, pour qui prime l'unipersonnalité de la fonction, et de celles de Taylor, pour lequel la division des tâches reste l'élément déterminant de l'organisation[1].

La réforme des combinats poursuivit un double objectif :

- de regroupement des entreprises autour d'une unité principale devenue la maison mère (*Stam-Betrieb*) et dont le directeur général était dans la plupart des cas devenu le directeur général du combinat. Dans le même temps, de nombreux directeurs généraux virent leurs pouvoirs renforcés au niveau des instances représentatives, soit nationales, soit régionales ;

- de transfert de plusieurs compétences - notamment les directions scientifiques et techniques - à la maison mère sans que pour autant toutes les entreprises soient privées de cette prérogative propre.

3. LES ACTEURS INSTITUTIONNELS

Au même titre que les tâches économiques, les exigences politiques et sociales firent partie intégrante de la définition des unités de travail. Ainsi, un ensemble hiérarchisé d'organisations socio-politiques devait-il agir sur le lieu de travail avec pour objectif commun de favoriser l'épanouissement des intérêts des différents groupes[2]. Il en allait ainsi, pour les principales d'entre elles, de l'organisation du parti, du syndicat, des jeunes et des femmes. Leur

---

[1] *Idem*, voir également K. BELWE, *op. cité*, p. 91.

[2] Sur cette période des années 80, les travaux de Hartmut ZIMMERMMANN, notamment "Machtverteilung und Partizipationschancen" in Gert-Joachim GLAESSNER, *Die Ära Honecker*, *op. cité*, les pages 214-283.

modèle d'organisation était calqué sur celui de la production : le groupe (équivalant le plus souvent à la brigade), le département et la commission d'entreprise en constituaient l'ossature. Leur tâche première était de réaliser collectivement le rôle dirigeant de la classe ouvrière sous la direction du parti communiste[1]. La seconde tâche était d'accroître la qualification des personnels et de participer de cette manière au rapprochement des classes et à l'abolition des différences ; la dernière, d'élaborer un mode de vie socialiste, fait de sécurité, d'entraide amicale, de critique et d'auto-critique des collectifs en vue d'un développement harmonieux de la Personnalité socialiste[2]. Ces premières tâches les définirent comme les vecteurs de l'ordre socialiste. Les secondes les inscrivirent dans l'entreprise comme les transmetteurs des ordres dirigeants et, à cet égard, la notion de démocratie dans l'entreprise acquit à travers eux un statut privilégié. Si cette notion fit appel à tous les acteurs pour sa réalisation - du dirigeant économique pour qu'il la favorisât matériellement jusqu'au parti pour qu'il la contrôlât - ce fut néanmoins indéniablement au syndicat qu'il revint de la mettre en oeuvre et de l'actualiser sous les formes variées de l'émulation socialiste. Recherche d'une productivité accrue, baisse des coûts de production, limitation du gaspillage, échange des expériences et reconnaissance des meilleurs éléments, telles étaient les composantes essentielles de l'action syndicale.

Ainsi, c'est de l'organisation et de l'accroissement du contrôle sur elle-même, rendu possible par une série de transferts de compétences, qu'était attendue l'augmentation de la performance économique : l'optimalité du pouvoir de direction des entreprises devait découler de l'accroissement des rapports hiérarchiques et d'un approfondissement de la régulation centrale à tous les échelons. Enfin, cette optimalité dépendait, par ailleurs, tout autant de la participation des travailleurs qui ne pouvait en aucune manière être comprise comme une quelconque spontanéité, mais seulement au travers du jeu de l'organisation. L'expression des travailleurs se développa au travers d'institutions précises, pour un but donné.

La vision de l'organisation qui se dégagea était celle d'un système clos, fonctionnant sur le modèle des ensembles cybernétiques où les flux d'information s'alimentaient aux divers

---

[1] *Sozialistische Betriebwirtschaft*, p. 71 : "Les entreprises du combinat, spécialement les entreprises de production, sont les centres de l'efficience de la classe ouvrière sous la direction du parti marxiste-léniniste".

[2] *Idem*, p. 71.

échelons, sans perte majeure, et étaient finalisés vers un même objectif. Le but recherché était bien une mathématisation de l'action et une formalisation des procédures d'où le facteur humain semblait purement et simplement éliminé. L'homme devait s'adapter à un organigramme caractérisé avant tout par la concentration de la décision au sommet. Ici tout s'emboîtait dans un jeu d'articulations qui ne devait souffrir aucune improvisation et l'impression finale qui ressort d'un tel projet, c'est la vision d'une société fondée sur les mêmes principes, où ne compta plus finalement que la perfection de l'épure formelle, toute matière ayant cédé le pas.

CINQUIEME CHAPITRE

Les acteurs syndicaux

Au sein de la brigade, le représentant syndical assurait ainsi, en théorie, un rôle essentiel d'animation du collectif, de mobilisation des énergies et de défense des intérêts de ses collègues, indépendamment de leur place dans l'entreprise, de leur fonction dans le système d'autorité, de leur fonction. Or, qui étaient-ils ces militants dont le législateur avait très précisément fixé la tâche[1] sans oublier qu'il s'agissait d'abord et avant tout de serviteurs de l'autorité politique ? Qui étaient-ils, eux, sur lesquels devait, finalement, retomber la colère des travailleurs ?

1. La forme de l'organisation syndicale, comme on l'a déjà dit, épousait celle de la production et, sur ce point, aucun écart n'était à souligner par rapport à la théorie générale du système en la matière. La cellule de base était représentée par le groupe syndical, composé de 10 à 30 personnes. Si l'entreprise employait plus de 500 salariés, des organisations de département voyaient le jour. Enfin, la commission exécutive représentait l'échelon le plus élevé. Sous la férule d'un responsable syndical, élu par tous les adhérents, c'était elle qui avait la charge de représenter, face au parti et face à la

---

[1] Sur l'entretien des tâches de l'organisation syndicale, voir l'article de Hartmut ZIMMERMANN, *DDR-Handbuch*, *op. cité*.

direction, les intérêts du personnel. Le nombre de ces commissions pouvait atteindre 15 et elles concernaient tout aussi bien le sport que la gestion des places de vacances, la protection du travail, l'agitation et la propagande (sous la forme de la tenue d'un journal ou de réunions politico-idéologiques) que les affaires de logement, etc. Il leur incombait qu'aucun accident du travail ne vînt enrayer le processus de travail mais, à côté de ce maquis de prescriptions, deux tâches l'emportaient dans la réalité quotidienne : la première consistait à organiser l'émulation, c'est-à-dire, comme on l'a vu précédemment, à signer des plans décidés en haut lieu ; la seconde était de veiller à la bonne répartition des places de vacances ou de cures de repos. En ce qui concernait la défense des intérêts salariaux ou l'accompagnement de l'introduction des mesures technologiques dans l'atelier, elles n'étaient guère compétentes. Ce qui leur était demandé, c'était d'assurer la bonne transmission des ordres supérieurs, en provenance du parti principalement, et cette subordination de l'action syndicale à l'action politique, pas un ne la remettait en cause.

2. La preuve m'en fut administrée lors de deux séjours de 15 jours que je fis à l'Ecole supérieure des syndicats de Bernau, en mars et en juin 1989. Là, je pus à loisir examiner les documents internes de l'école, les programmes et les mémoires de fin d'études écrits par les stagiaires, venus étudier les préceptes marxistes-léninistes de l'action syndicale. Plus encore, et cela grâce à des enseignants de Bernau, je pus m'entretenir avec un groupe d'étudiants pendant plusieurs heures puis avec chacun d'entre eux séparément[1].

---

[1] Nous avons rendu compte de notre séjour à Bernau in "La formation des cadres syndicaux : l'école de Bernau", *La Revue d'Etudes Comparatives Est-Ouest*, déc. 1989, vol. 20, n°4, pp. 107-125 et dans "Organisations réelles, organisations formelles, la régulation sociale dans l'atelier est-allemand", *Communisme*, 1990-23.

1. LA FORMATION DE BERNAU

Les étudiants qui fréquentaient Bernau étaient des syndicalistes venus de toutes les régions de RDA et de tous les échelons de l'organisation syndicale : de l'homme de confiance du groupe syndical de base au responsable d'une section de région en passant par le représentant d'une commission exécutive d'entreprise. Les étudiants étaient au nombre de 300 : 220 Allemands et 80 environ en provenance des autres continents, en majorité du Viêt-Nam, du Mozambique et de Corée du Nord. Logés à deux par chambre, ils conservaient 90% de leur traitement précédent et, naturellement, le poste qui était le leur. Mieux, encore, les études menées à Bernau, sanctionnées par un diplôme de l'enseignement supérieur, étaient pour la quasi-totalité des intéressés une occasion de promotion très importante. Le prix des chambres était modique, celui des dépenses sur place - alimentation et boisson - également. La possibilité d'épargner s'ajoutait ainsi aux autres avantages qu'une telle formation procurait.

Ceux qui étaient envoyés là étaient parmi les meilleurs que comptait l'organisation syndicale, et la formation dispensée à Bernau était la plus importante en la matière. Si, en effet, la quasi-totalité des fonctionnaires de l'organisation suivait les cours d'un trimestre dispensés par chaque région, (au nombre de 15, ce sont les Bezirk), ils étaient déjà moins nombreux à suivre les cours spécialisés qui duraient un an, fournis soit dans le cadre de l'école du parti, soit dans celui, là encore, de la région syndicale. De ce fait, la centaine d'élus désignés chaque année pour se former à Bernau constituait l'élite des syndicats. Relevons, enfin, que, depuis 1987, l'école supérieure de Bernau était habilitée à dispenser le titre de Docteur à ceux qui avaient l'intention d'enseigner dans l'enseignement supérieur. Mais bien peu étaient ceux qui s'y destinaient.

Le programme que devaient suivre les étudiants était établi sur la base d'un cycle de trois ans comprenant 60 heures d'études par semaine. On y relève d'emblée la place prépondérante occupée par les matières "idéologiques", c'est-à-dire chargées de fournir à l'étudiant un bagage politique. L'ambition qui animait un tel projet était bien de former non pas tant un technicien qu'un individu "fiable", pouvant conserver un type donné d'autorité sur la technique elle-même.

Tableau n°1. PLAN D'ENSEIGNEMENT POUR LES ETUDES SYNDICALES
D'UNE DUREE DE TROIS ANS
A L'ECOLE SUPERIEURE DES SYNDICATS DE BERNAU

établi par le Presidium de l'organisation centrale de FDGB le 22 août 1986

disciplines scientifiques	cours		etudes personnelles
	Heures	%	Heures
Cycle introductif	14	1.1	76
HISTOIRE	228	17.5	762
Hist. Mouv. ouvrier allemand	105	8.1	380
Hist. Mouv. ouvrier et synd. intern.	123	9.4	382
PHILOSOPHIE	381	29.3	1469
Philosophie	99	7.6	392
Communisme scientifique	97	7.5	364
Culture politique	94	7.2	374
Constitution du syndicalisme	91	7.0	339
ECONOMIE	409	31.4	1561
Economie politique du capitalisme	71	5.4	284
Economie politique du socialisme	131	10.1	414
Technologie et syndicats	60	4.6	120
Economie de l'entreprise socialiste	73	5.6	312
Economie du travail	74	5.7	431
POLITIQUE SOCIALE	270	20.7	680
Politique sociale	77	5.9	234
Protection du travail	79	6.1	232
Droit du travail	114	8.7	214

S'y ajoutaient le cycle de politique militaire de 23 heures, celui de l'apprentissage (ou du perfectionnement) de la langue russe de 210 heures et celui du sport de 190 heures. La formation comprenait enfin, de surcroît, 40 jours de recherche et 80 jours de pratique au cours desquels l'étudiant réalisait des travaux écrits, résultant notamment d'enquêtes en entreprises. Au total, le cycle de trois ans s'élevait en 1989 à 1302 heures (compte non tenu des jours consacrés à la recherche) pour un total de 1838 heures en 1981. Quant aux heures requises pour le travail personnel de l'étudiant, elles s'élevaient à 4472 heures en 1989 pour un total de 3124 en 1981.

Le séjour à Bernau était sanctionné par l'obtention d'un diplôme supérieur en sciences sociales : *Diplom-Gesellschaftswissenschaftler*. Ce diplôme récompensait : a) une connaissance scientifique et théorique du marxisme-léninisme, celle des classiques du SED et celle des directives de FDGB ; b) une capacité d'analyse de la situation sociale et de son développement. Les épreuves écrites portaient sur chacun des cycles et consistaient, de surcroît, en la remise d'un rapport. Des épreuves orales complétaient l'examen et étaient réalisées en groupe ou individuellement.

Enfin, les notes allaient de 1 (excellent) à 4 (passable) pour l'obtention du diplôme, celle de 5 écartant le postulant pour incompétence. L'examen de la définition des qualités "très bon" et "passable" est intéressant dans la mesure où il révèle la nature des attentes des formateurs et les dispositions des concurrents[1].

La note supérieure signifiait que les principes du marxisme-léninisme étaient parfaitement assimilés et pouvaient être restitués de "manière créatrice". Pour raisonner et agir, l'étudiant de ce type "part de l'unité du marxisme-léninisme, comme cela est écrit dans le règlement des diplômes (§17), il assimile fondamentalement les oeuvres des classiques du marxisme-léninisme en union avec les résolutions du SED et celles de FDGB et possède de bonnes connaissances des lois et décrets du gouvernement de la RDA... Il apporte la preuve de l'unité dialectique de l'esprit et de l'action et discute de manière offensive les conceptions hostiles ou fausses". A l'inverse, celui qui voyait ses connaissances évaluées comme passables se révélait certes capable decomprendre les exigences du marxisme-léninisme mais inapte à lutter efficacement contre une conception fausse ou hostile. Il avait, dans ce cas, besoin d'aide. Plus orienté vers la pratique, il ne connaissait guère ses classiques et encore moins les textes modernes.

Du contenu dispensé dans les différents cycles, retenons les points suivants :

Le cycle d'histoire mettait en jeu 11 cours magistraux (*Hauptvorlesung)*, 8 séminaires et 3 colloques. Il était dominé par

---

1 Diplomordnung § 12 ; Prüfungsordnung § 21.

l'examen de l'importance de Marx et de celle de Engels, ainsi que de leurs prolongements pratiques que sont le mouvement ouvrier du XIXe siècle, la révolution de 1917 et l'action du PCUS. L'on y étudiait ensuite la fonction du SPD (parti communiste avant la création du SED, né de la fusion des partis socialiste et communiste en avril 1946), son rôle sous la république de Weimar. Puis, venaient la fondation du SED, sa place, ses fonctions et son rôle dans l'Allemagne moderne, ainsi que le mouvement syndical qui l'accompagne.

Le cycle de philosophie comprenait 17 cours magistraux, 14 séminaires et 2 colloques. Il était orienté autour de trois pôles :

a) l'analyse du marxisme-léninisme, du matérialisme historique et du matérialisme dialectique ;

b) l'examen des textes du SED et ceux de FDGB en faveur de la paix, contre l'anticommunisme et l'antisoviétisme ;

c) l'importance du XIe congrès du SED et l'action des syndicats qui lui fait suite.

Le cycle d'économie était le plus lourd de tous avec 17 cours magistraux, 15 séminaires et 2 colloques. On y étudiait les rapports et le développement de l'impérialisme et du capitalisme, les lois fondamentales du socialisme et la stratégie économique de ce dernier jusqu'en l'an 2000. Venaient ensuite les avantages de la planification, l'émulation socialiste comme moteur du progrès socialiste, l'importance des techniques de pointe. Enfin, la supériorité du socialisme était manifeste dans l'analyse de la consommation et de l'accumulation, l'intensification élargie, la rationalisation des emplois, l'organisation et la discipline socialistes.

Le cycle de politique sociale enfin avait pour tâche, avec 13 cours magistraux, 9 séminaires et 1 colloque, de souligner l'importance de la formation des relations sociales pour la sécurité (sociale) en RDA et pour la représentation des intérêts par les syndicats. En opposition avec un capitalisme, toujours plus dominé par une insécurité croissante, le socialisme, grâce au XIe congrès principalement, témoignait de grands avantages en matière de protection et de repos et, plus généralement, de satisfaction des besoins fondamentaux.

Si l'on considère maintenant plus attentivement les heures consacrées aux techniques de pointe (*Die Schlüsseltechnologie*), telles qu'en rend compte un document, élaboré en 1987 par les cadres de Bernau, l'on peut retenir trois points :

Ce cours regroupait un premier cycle de formation de 24 heures et un second de 30 heures que venait compléter une formation facultative appliquée à l'informatique où les étudiants se familiarisaient avec le langage Basic. Une salle de cours avec une dizaine de terminaux avait été spécialement aménagée à cet effet.

Le premier ensemble d'heures, après un cours magistral consacré au rôle des syndicats dans le processus technique en cours, avait pour objet d'exposer le rôle des différents échelons de l'organisation syndicale dans le processus d'informatisation et de souligner l'importance des nouvelles technologies comme l'automatisation, la flexibilité et celle du facteur humain.

Le second ensemble mettait l'accent sur les techniques d'information et de communication, les fondements de l'électronique optique, le laser et les techniques de la lumière. Un séminaire final traitait de la représentation des intérêts au travers de l'élaboration et du traitement des techniques d'information.

Le profil du syndicaliste émergeant d'un tel enseignement était bien celui de serviteur de "l'autorité politique". Loin d'apprendre à négocier, l'individu devait d'abord apprendre par coeur la vision officielle du développement historique. C'est cette méconnaissance des règles de la négociation et cette incapacité à articuler divers intérêts au sein de situations complexes dans l'entreprise qui se sont avérées les plus préjudiciables à l'automne 89. Ce sont ces manques qui continuent de faire peser sur l'état des relations professionnelles, en 1990, les plus graves incertitudes.

2. UN PROFIL D'ACTIVISTES

La profession de foi dans la valeur des principes marxistes-léninistes qui était exigée des étudiants nous fut également restituée lors des entretiens que nous eûmes avec plusieurs d'entre eux. Supposer que, devant l'étranger, la dissimulation était de mise, n'est certes pas aberrant. Ce faisant, l'on risque d'oublier le caractère de conviction qu'eurent ces discussions franches et ouvertes, de passer à côté de cette certitude que nos interlocuteurs voulaient communiquer et qui n'avait d'égale que leur méconnaissance totale des autres systèmes de représentation des travailleurs. Etre militant et, de surcroît, actif comme chacun d'eux l'était, c'était adhérer à un système de pensée et à un code d'action et de relation donnés. En dehors de cela, il n'y avait rien.

Tableau n°2. CARACTERISTIQUES DE 14 SYNDICALISTES ETUDIANT A L'ECOLE SUPERIEURE DES SYNDICATS

Poste	Appartenance						Région	For-mat	Pro-fes-sion	Sex
	SED	FDJ	DSF	DTSB	DFB	Au-tre				
Pol. sociale municipal.	*	*	*	*	*		Karl Marx Stadt	10 ans	Text.	F
Agitateur municipal.	*	*	*		*		Erfurt	10 ans	Santé	F
Santé municipal.	*	*	*	*	*		Erfurt	10 ans	Sante	F
Adjoint-chef métallurg.	*	*	*				Ros-tock	Habit	Serru	M
Enseignante région	*	*	*		*	*	Magde bourg	10 ans	Sante	F
Représ.BLG	*	*	*				Dres-de	Habit	Métal	M
Repres.comm munic	*	*	*	*			Halle	10 ans	Serru	M
Secr. FDJ	*	*	*	*			Erfurt	10 ans	FDJ	F
Repr.chef BGL	*	*	*	*			Karl Marx Stadt	10 ans	chim.	F
Pol. sociale municipal.	*	*	*	*		*	Halle	10 ans	FDJ	F
Repres. municipal.	*	*	*				Magde bourg	10 ans		M
Représ.BGL	*	*	*			*	Cott-bus	10 ans	Contr	M
Enseign. région	*	*	*				Pots-dam	10 ans	Ensei	F

L'appartenance à plusieurs organisations appelle quelques remarques :

Tous ces militants sans exception étaient membres du parti communiste, de l'organisation de jeunes (ou l'avaient été dans la mesure où l'adhésion prenait fin à trente ans) et de l'amitié germano-soviétique (DSF). En ce qui concerne l'adhésion au parti communiste, elle était jugée naturelle par nos interlocuteurs tant il est vrai que les syndicats devaient prioritairement transmettre et appliquer les directives du parti. L'enseignement dispensé dans cette école supérieure était d'abord politique, le but recherché étant de former des cadres idéologiquement sûrs, capables de maîtriser l'évolution technique en l'intégrant, si faire se pouvait, aux catégories marxistes-léninistes.

L'adhésion à l'organisation de jeunes, également, ne doit pas surprendre : elle s'offrait, en effet, comme le cadre (obligé et privilégié) de l'action politique. Deux de nos interlocuteurs y avaient accompli toute leur activité. Enfin, l'adhésion à DSF révélait l'importance du modèle soviétique et cela en dépit du caractère formel de son action. Dotée de quelque 6 400 000 membres, cette organisation offrait plusieurs services (loisirs en URSS, ouvrages, échanges, etc). Quant aux autres organisations, relevons l'existence de celle des femmes (DFB) (cinq de nos cas en sont membres), celle de la Croix-Rouge, de la solidarité populaire, de Urania (organisation d'échanges scientifiques), qui chacune, dans son propre champ, assurait un certain nombre de services. Sans être négligeables, elles ne jouaient cependant pas le rôle que leur taux élevé d'adhésions pourrait laisser supposer.

Cette intégration des unes aux autres assurait aux diverses organisations une étroite interdépendance. Elle se trouvait renforcée d'une dimension personnelle supplémentaire avec nos individus : pour ce qui concerne les dix personnes mariées que comptait notre échantillon, les dix conjoints travaillaient soit dans le syndicat, soit dans le parti. Et même si la tâche accomplie ne l'était pas à plein temps, on peut néanmoins conclure que l'action sociale et l'action politique étaient souvent une affaire de famille.

Or, comment devenait-on activiste social ? Pour six individus, la filière politique - être membre de SED et de FDJ - était la voie d'accès normale. Et pour aucun d'entre eux, il ne s'était agi de prédestination : beaucoup, d'après ce qui nous fut rapporté, ne connaissaient rien au syndicat avant d'avoir été proposés : le choix des collègues se porte sur vous, cela commence par une simple délégation à la commission de département, voire d'emblée à celle de l'entreprise sous la pression insistante et amicale du responsable qui sait reconnaître le futur activiste, et, l'enthousiasme aidant, la carrière est embrassée d'emblée. Car ce qui caractérisait le plus ces militants - triés sur le volet, il est vrai, pour suivre l'enseignement dispensé à Bernau - c'était la passion de servir, le souci d'être utile et de rendre service. A l'exception notoire d'un seul cas, tous soulignaient l'importance du service rendu à autrui, la joie de régler un problème, le plaisir de se savoir apprécié parce que l'on aide et que l'on est efficace. Certains y voyaient l'intérêt de lutter contre les difficultés d'approvisionnement, d'autres la nécessité de ne pas profiter des privilèges qu'une telle position procure et tous soulignaient qu'ils conseilleraient à leurs enfants d'assumer une telle fonction quand l'occasion se présenterait. Absence de monotonie, aspect multiforme des demandes et des urgences, contacts à tous les niveaux, le travail syndical était vécu du sommet jusqu'en bas de l'organisation comme exaltant.

Dès lors, les trois qualités requises le plus souvent pour caractériser le militant à ses propres yeux étaient la capacité d'ouverture à autrui, la camaraderie et l'écoute, vis-à-vis des questions difficiles que soulevaient les camarades, neuf individus plaçant cette dernière disposition en première position. Deux dimensions étaient jugées nécessaires pour la formation attendue d'un tel militant : la première concernait l'aspect politique de la personnalité, et était revendiquée à l'unanimité ; la seconde, la dimension technique. La formation politique d'abord, car c'était elle qui permettait de contrecarrer offensivement l'opinion faussée que le collègue aurait pu retirer, par exemple, d'une émission de télévision ; l'aspect idéologique du syndicaliste était bien essentiel car c'était l'idéologie qui permettait de comprendre la loi du mouvement des sociétés socialistes et, plus généralement encore, du monde moderne.

Formation politique, mais également savoir professionnel spécialisé qui dérivait de l'inscription dans un collectif donné. Point n'était besoin, dans ces conditions, de disposer d'un bagage supérieur pour l'homme de confiance : il lui suffisait d'avoir, comme tout un chacun, achevé le cycle des dix classes élémentaires et la formation d'un trimestre dispensée à l'école régionale syndicale. Pour le représentant d'une entreprise, surtout si elle était d'importance, un combinat par exemple, l'Abitur n'était pas à négliger mais le cours suivi pendant un an, soit à l'école régionale, soit à l'école du parti était plus nécessaire encore. Quant aux cours de l'école supérieure, ils convenaient à ceux qui se destinaient aux fonctions supérieures de l'appareil.

Conclura-t-on alors qu'il existe une coupure entre les acteurs des différents échelons ? Cela aurait été, à leurs yeux, méconnaître l'unité fondamentale de l'action sociale que rendaient sensible l'organisation et l'animation de l'émulation socialiste. Du responsable de région à l'homme de confiance, tous avaient en effet à mettre en évidence les avantages de l'entreprise socialiste qu'exposaient clairement les divers contrats et engagements dans l'unité de travail. Pour nos interlocuteurs, point n'était besoin de s'attarder sur ce point, la régulation textuelle était adéquate et intangibles les principes d'organisation.

Entre les objectifs visés, au travers cette très lourde formation, et la restitution par les élèves, peu de différences apparaissaient. La conviction de se trouver dans la vérité, la certitude de bien agir, conformément à un juste enseignement, l'autocélébration d'une communauté partageant les mêmes valeurs, rien de cela n'était, du moins publiquement, remis en cause. L'image de Hennecke n'avait, semble-t-il, pas disparu dans le flot des événements et une relation directe, indéfectible, paraissait unir les étudiants de 1989 au pionnier du régime.

C'est cela qui s'est écroulé à l'automne 89 : cette croyance que le parti représentait vraiment les intérêts des travailleurs et les servait au mieux ; cette certitude que le modèle de type soviétique était bien le *one best way* de l'action syndicale et, sur ce point, nul doute que les syndicalistes est-allemands se différenciaient grandement, par exemple, de leurs homologues polonais pour lesquels tout ce qui était soviétique n'était pas, dans les années 80, susceptible d'être défendu publiquement.

En octobre 89, chacun fut saisi, à Bernau, par l'ampleur de la débâcle et personne n'offrit la moindre ligne de résistance. Durant l'hiver 89, les cours furent suspendus. Au début de janvier 90, il n'y avait plus un seul étudiant. Témoin d'une époque stalinienne dépassée, Bernau a fermé ses portes et renvoyé sans aucun diplôme des étudiants qui croyaient en ce régime et qui, pour la plupart, ne retrouvèrent pas leur poste de travail et furent licenciés.

En conclura-t-on que rien n'avait changé de Ulbricht à Honecker et que les années 70 et 80 n'étaient que le strict prolongement de la décennie précédente[1] ? A coup sûr, l'éviction de Ulbricht de tous ses postes de responsabilité a marqué un tournant dans l'histoire de la RDA. A la théorie d'une société communiste réalisée, harmonieusement développée et libre de toute conflictualité que Ulbricht s'était plu à croire instaurée, succéda, à partir de 1971, celle où les divergences d'intérêts de plusieurs classes étaient reconnues. Avec la fin du concept de "système social développé" disparut la vision historique qui mettait la RDA au premier plan et l'URSS ensuite. L'idée fut abandonnée que les différences, inhérentes à la société socialiste, se développent harmonieusement dans la phase historique évolutive et transitoire qu'est le socialisme. Avec la destitution de Ulbricht, les responsables comptaient bien assurer de nouveau la prééminence des appareils et de la théorie directement inspirés du protecteur soviétique.

La conception de la régulation sociale, inspirée de la théorie des modèles cybernétiques, fut abandonnée. On lui reprochait de mettre en valeur des mécanismes d'autorégulation impropres à faire valoir la prééminence du rôle dirigeant du parti communiste sur l'Etat et sur la société. La nouvelle pensée passa par la redéfinition de ce rôle dirigeant et du caractère collectif de la propriété. Au VIIIe congrès du SED en 1971, le mot d'ordre adopté fut l'unité de l'économique et du social. Il s'appuya sur une redéfinition des tâches de chacun, sous la direction du SED. Les syndicats furent appelés à se trouver mieux associés à la décision et leur importance dans la définition des unités de production s'en trouva renforcée. La priorité donnée à l'économique et au social passa ainsi par la réaffirmation du caractère centralisé des organisations.

Qu'à tout cela correspondît une nouvelle politique économique, sans aucun doute. La réforme de 1963 fut officiellement écartée. La structure économique se retrouva plus en conformité avec les équilibres initiaux et le processus de recentralisation s'accrut. Notre objectif, nous l'avons dit, n'est pas

---

[1] Sur le changement opéré de Honecker par rapport à Ulbricht, lire en français: Gert-Joachim GLAESSNER, "Le pouvoir bureaucratique : la solution des conflits en RDA" étude n°13 du projet de recherche *Les crises des systèmes de types soviétique* sous la direction de Zdenek MLYNARZ, 1986, Köln, 62 pages; en anglais, lire Hartmut ZIMMERMANN, "The GDR in the 1970's, Problems of communism", March-April 1978, pp. 1-40.

ici d'en mesurer les effets par rapport à la période précédente. Il est plutôt de montrer combien, malgré toute cette phraséologie, perdurèrent, au niveau des discours, les mêmes catégories. S'il y eut changement au sein des organisations, témoignant en cela d'une certaine flexibilité, il n'y en eut guère, en revanche, au niveau des pratiques discursives qui accompagnèrent, sans discontinuer, cette évolution. Or, c'est cette fixité des catégories mentales et idéologiques qui rend compte des tensions qui se firent jour entre un système de représentations totalement figé et une réalité partiellement en évolution.

Dès lors, si le développement historique accusa certaines différences au cours de ces 45 ans, il n'en contribua pas moins, et l'on serait tenté ici d'écrire qu'il contribua surtout, à empêcher l'émergence d'un grand nombre d'entre elles. Le changement se fit sous un contrôle étroit qui adopta plusieurs aspects mais qui, dans le discours officiel, se traduisit par un respect presque obsessionnel de la lettre du système. Au niveau qui est le nôtre des organisations industrielles et des acteurs, la répétition l'emporta sur la différence.

SIXIEME CHAPITRE

Permanences et changements

Indépendamment des différences séparant la vision sociétale de Ulbricht de celle de Honecker, une même volonté était à l'oeuvre: celle qui consistait à affirmer au mieux la doctrine fondamentale et le respect des principes organisationnels. De ce fait, toute modification était d'abord perçue sous l'angle de la conformité. L'altérité ne pouvait pas apparaître comme une différence par rapport à l'existant, mais seulement sous l'angle de sa conservation. Or, dans la mesure où le changement ne pouvait que venir légitimer une décision ou une intention antérieure, ce qui primait, c'était la permanence des formes de l'action. Or, peut-on raisonnablement penser le développement historique des 40 ans de la RDA seulement sous l'angle de la conformité à un projet initial ? Dans le cas contraire, où se situe le changement et que signifie-t-il ?

A la différence du capitalisme, perçu essentiellement comme mouvement incohérent et jouet de forces obscures, le socialisme prétendait fonder la permanence du fonctionnement social sur la durée de ses processus et la répétition de l'origine, seuls gages à ses yeux de la stabilité et de la satisfaction de ses membres. La forme générale de l'émulation et les mots d'ordre, les acteurs institutionnels ainsi que les comportements constituèrent les éléments essentiels de cette permanence dans le temps.

1. A ne s'en tenir qu'à la définition de l'émulation socialiste donnée par Lénine, on ne note aucune évolution. Chaque récitant, qu'il ait énoncé le texte du congrès ou qu'il l'ait répété sous une forme plus idéologique encore, se devait d'égrener imperturbablement les ingrédients fondamentaux : publicité, échange, comparaison et récompense des meilleurs résultats, rien n'a bougé. A ces principes figés, correspondaient, sans variation aucune, la nécessité pratique d'économiser les matériaux, la volonté d'augmenter la productivité du travail, le souci de développer les attitudes fraternelles[1].

Expression de la conscience, pénétrée des difficultés du présent et tout autant de l'inéluctable succès final, l'émulation signifiait, au cours du temps, toujours davantage, l'adéquation de la conscience à la structure organisationnelle. Les citations suivantes, tirées de différentes campagnes, le montrent largement :
1949 : la RDA est créée cette année-là et le plan de deux ans s'achève sur de bons résultats économiques qui permettent au jeune Etat d'espérer retrouver le niveau d'avant-guerre[2]. Plus que jamais, le système d'autorité stalinien s'impose dans l'entreprise à tous les échelons.

> *"Les méthodes avaient jusqu'à présent un caractère de responsabilité individuelle. La vraie émulation consiste dans l'action d'homme à homme, de brigade à brigade, de département à département pour l'accomplissement donné de leur production, la chute des coûts et contre le gaspillage"*[3].

---

[1] S. LAPINA, D. ROTMAN, "La conscience et la vision de camaraderie sont les aspects de l'émulation socialiste. Elles stimulent celui qui y prend part pour une élévation de ses capacités professionnelles, etc...", in *Der Wettbewerb als Methode zur Leistung sozialer Prozess*, Wiss. Zeit. der Humboldt Universität, 1985, Heft 8, pp. 680-683.

[2] Voir Horst BARTHEL, "Der schwere Anfang. Aspekte der Wirtschaftspolitik der Partei der Arbeiterklasse zur Überwindung der Kriegsfolgen auf dem Gebiet der DDR von 1945 bis 1948/1949" in *Jahrbuch für Geschichte*, Band 16, pp. 253-282. Egalement du même auteur, sa thèse d'Habilitation, *"Probleme der wirtschaftlichen Entwicklung der DDR", in der Nachkriegsperiode (1945-1949)*, Berlin (Ost), 1968.

[3] Note second chapitre. Walter Ulbricht, *zur Sozialistischen Entwicklung der Volkswirtschaft*, Band 1959, pp. 435-436.

1959 : dix ans plus tard, la RDA sort d'une longue crise politique qui aura commencé, de façon ouverte en 1953 pour culminer en 1956 et finalement marquer la victoire de la ligne Ulbricht en 1958.

> *"L'émulation socialiste est en même temps l'expression et le résultat de la conscience socialiste croissante et une nouvelle attitude vis-à-vis du travail"*[1].

1971 : Erich Honecker inaugure à cette date une nouvelle ère pour son pays, avec la priorité donnée à l'unité des deux champs économique et social.

> *"L'un des buts les plus précieux et l'une des plus grosses conquêtes de la société socialiste est la personnalité socialiste... Les personnalités socialistes se développent dans tous les collectifs de travail, dans la lutte pour les résultats de l'émulation socialiste, par l'apprentissage dans le sport et par l'acquisition des trésors de la culture, par la participation à la direction et à la planification de notre société dans toutes ses dimensions* [2].

2. Les mots d'ordre qui synthétisaient les campagnes n'ont, eux aussi, guère évolué. Certes, chacun faisait l'objet d'une campagne particulière mais tous avaient en commun de se rapporter soit au plan, soit à la rationalité économique, et de faire toujours plus appel au dépassement de soi. Dressons une liste partielle de ces mots d'ordre :

1947 *"Produire plus, partager mieux, mieux vivre"*[3] ;

1952 *"Produire plus, produire économiquement"* ;

1953 *"Comme nous travaillons aujourd'hui, nous vivrons mieux demain"*[4] ;

---

[1] *Protokoll des V. Parteitages der SED*, Band 2, Berlin, 1959, p. 1517.

[2] *Bericht des Zentralkomites auf dem VIII Parteitag*, Berlin, 1971.

[3] *Protokoll der SED*, p. 343, cité par W. FALK, *op. cité*.

[4] *Dokument der SED*, Band IV, p. 377, cité par FALK, p. 103.

1959 *"Co-planifie, co-travaille et co-gouverne" ;*
"Nous travaillons, nous vivons, nous apprenons de manière socialiste"[1] ;

1961 *"Au juste moment pour la somme juste, produire plus"*[2] ;

1966 *"Par la rationalisation socialiste vers l'élévation du revenu national, faire à partir d'un Pfennig un Mark"*[3] ;

1981 *"Produire de façon planifiée, rationaliser intelligemment, pour que cela serve à nous tous"*[4] ;
"A partir de chaque Mark, de chaque heure, de chaque gramme de matériel, fournir un effet encore plus grand"[5] ;
"Le temps est d'or"[6] ;
"Plus, mieux, être plus efficace, chaque jour d'après l'expérience des meilleurs" (Karl-Marx Stadt) ;
"Le temps de travail, c'est le temps du rendement" (Berlin) ;
"Se comparer avec les meilleurs, atteindre soi-même le sommet. Et maintenant tout droit" (Cottbus).

Pourtant, toutes ces citations ne sont pas réductibles à une seule. Loin de se succéder linéairement, elles opéraient parfois une reprise, à plusieurs années de distance, témoignant aux yeux de

---

1 *Protokoll des V. Parteitages*, cité par O. VOIGT, *zur historischen Entwicklung des sozialistischen Wettbewerbs in der DDR* in Wissenschaftliche Zeitschrift der Universität Halle, 1979, Heft 4, pp. 67-75.

2 In Wolfgang HILLER, *Die Entwicklung der Arbeiterklasse im sozialistischen Wettbewerb*, Wiss. Zeit. der Humboldt-Universität Berlin, Gesellschaft und Sprachwissenschaft, 1970, Heft 4, pp. 487-501.

3 *Idem*, p. 497.

4 *Idem*, p. 498.

5 *Idem*.

6 Otto VOIGT, *op. cité*.

certains soit d'une avancée, soit d'un recul de l'action politique[1]. Ainsi, tandis que certains mots d'ordre vivaient le temps d'une campagne, d'autres avaient une longévité de deux décennies ou plus, d'autres enfin, véritables ex-voto de la pensée productiviste, ne cessent d'être repris, commentés, illustrés. A cet égard, le "Produire plus, partager plus justement, mieux vivre" énoncé en 1947 avec les activistes de la première heure a joui d'une grande fortune. Le mot d'ordre était tout à la fois réponse à une exigence momentanée, renouvellement de l'intention originelle et expression d'un devenir. Il n'était ni mouvement radical ni permanence figée. N'en concluons cependant pas à l'indice du changement.

3. Des acteurs, donnés à l'origine comme les fondements de l'ordre institutionnel, pas un n'avait changé. Directeur, parti, syndicat demeurèrent ce qu'ils avaient toujours été : les transmetteurs à leur niveau des décisions supérieures, selon une stricte hiérarchie. Au parti d'indiquer la voie, aux directeurs de fournir les moyens nécessaires, aux syndicats de l'accomplir. Comparons ainsi les tâches de ces derniers à quarante ans de distance.

> 1950 "*Sur le terrain de l'économie, les syndicats ont pour fonction d'organiser et d'élargir l'émulation comme méthode essentielle pour atteindre une productivité du travail conséquente. Ce sont eux qui ont la charge du mouvement d'émulation et des activistes*"[2].
> 1986 " *La responsabilité des syndicats comme écoles du communisme, comme moteurs de la concurrence socialiste et représentants des intérêts des ouvriers et des employés, cette responsabilité se révèle dans la conduite et dans l'organisation de l'émulation socialiste*"[3].

---

[1] Ainsi en 1989, le comité central a-t-il fait de nouveau sien un mot d'ordre datant de l'ère Ulbricht : "Comme nous travaillons aujourd'hui, nous vivrons demain" datant de 1947, puis repris par F. HOCKAUF ; Cf. *Neues Deutschland* 6.4.1989. Ce mot d'ordre signifie que la jouissance des fruits du travail est renvoyée à des lendemains meilleurs et s'oppose à celui préconisé pourtant par Honecker en 1971, qui prévoyait une consommation immédiate. Certains y ont vu un recul significatif de l'action des responsables et, à tout le moins, le signe évident de la profondeur de la crise en RDA.

[2] Cité par FALK, p. 80.

[3] Willi KUNZ (voir note 1, p.148).

Les tâches, sur ce point, sont restées inchangées puisqu'il s'est toujours agi d'animer les collectifs pour plus de productivité, de transmettre les directives politiques établies par le parti et de défendre les intérêts de tous les travailleurs, sans considération de leur place dans le processus de production. Cela signifie, par ailleurs, que personne d'autre - en dehors de ces trois acteurs - ne fut appelé à représenter les collectifs de travail : les conseils ouvriers éliminés en 1948 n'avaient pas reparu, à l'exception du court intermède de 1956.

4. Quant au comportement typique, là encore, on serait bien en mal de déceler quelque écart par rapport à la ligne originelle. La fraternité, le don de soi, l'ouverture aux autres, etc, tout cela est demeuré inchangé. Ces qualités étaient au fondement des relations humaines et donc des rapports de production, l'histoire n'ayant, en la circonstance, fait qu'affermir la situation de l'entreprise étatique, matrice des comportements socialistes. Ainsi, au mot "*Kollektiverziehung*" (relations collectives), on trouve la définition suivante dans le lexique d'économie déjà cité : "le style et le ton du collectif socialiste sont caractérisés par des bases optimistes et gaies, par la dignité et l'ouverture, l'espoir et la vigilance, la critique et l'auto-critique, l'amitié et la serviabilité, par un haut niveau d'exigence et une disposition élevée au travail, par la modestie et l'insatisfaction créatrice par rapport au but atteint, par l'innovation et le désir de s'instruire, par la solidarité, en un mot par les qualités les plus précieuses de la personnalité socialiste"[1].

Alors, si changement il y eut, où s'opérait-il réellement ? Beaucoup plus que dans la forme - on a vu finalement combien ces discours étaient fort peu altérés - c'est dans l'adaptation à certaines contraintes économiques extérieures que l'évolution est décelable. A ce niveau, une extension des échanges a nécessairement mené à un accroissement des tâches des organisations, dont les tâches de contrôle, conformément aux principes politiques, se sont accrues. C'est dans la complexité des rapports entre les performances

---

[1] *Lexikon der Wirtschaft*, *op. cité*, p. 522. Cette définition n'est guère différente de celle avancée 15 ans plus tôt concernant les organisations à l'intérieur du bloc. Là encore, les mots les plus importants sont bien le travail en commun des camarades (*die kameradschaftliche Zusammenarbeit*) : "Le travail en commun des camarades, l'aide intellectuelle, l'apprentissage des meilleurs, ce sont les indices des relations des pays frères qui s'expriment toujours plus profondément dans l'émulation socialiste", in H. FELGENTREU, G. SÖDER, *Sozialistischer Wettbewerb und Macht*, Berlin, 1974, 32 pages.

économiques, les exigences politiques et la bureaucratie des organisations en jeu que s'est joué ce changement.

1. LES CHANGEMENTS

Les changements se sont opérés dans le passage des figures individuelles aux collectivités anonymes que sont les différents groupes d'action. Le passage de l'héroïsme du travail à la performance du fonctionnement bureaucratique est sans doute l'indice le plus important de cette évolution. Il traduit le processus de stabilisation des diverses fonctions d'une organisation, critère de son efficacité. Trois traits peuvent en rendre partiellement compte : l'instauration généralisée du principe de centralisme démocratique pour toutes les organisations ; la multiplicité des contrôles internes et externes ; la formation de groupes professionnels adaptés.

A. Les activistes fondateurs - les Hennecke, les Darius, Hockauf, Franick et tant d'autres émules moins connus - avaient tous pour trait commun d'opérer dans les premières années du nouveau régime, grosso modo, les années 47-53. Plus qu'une fonction économique, c'était une fonction politique qu'ils remplissaient : les luttes sur le lieu de travail étaient monnaie courante et toutes les catégories ici s'affrontaient dans un combat pour la supériorité d'un modèle et d'une organisation économique et politique sur un autre. Ces années étaient celles de la reconstruction d'un pays réduit à néant, où tout manquait et où l'incertitude en tous domaines dominait. Personne n'était alors assuré de la durée, les communistes pas plus que les autres, et, dans ce grand bouleversement, l'individualité exemplaire, celle qui dans la violence et l'effort surhumain faisait advenir le "nouveau monde", c'était le héros du travail. Or pour qu'il soit admis comme modèle, à défaut de consentement, il fallait l'imposer par la force.

Le passage de l'individu au groupe a impliqué le renforcement d'une double contrainte : extérieure d'abord (l'URSS est devenue, à partir de 1950, le modèle incontestable de toute évolution dans quelque domaine que ce soit) ; intérieure ensuite : ce fut la concentration des pouvoirs dans les mains d'un groupe restreint, le parti communiste, l'élimination de tous les concurrents de la scène politique et sociale, la constitution d'organisations syndicales monopolistes. Cette contrainte s'ordonna selon un modèle simple d'autorité et de respect de la hiérarchie, le modèle militaire adopté par le parti communiste est-allemand et que la presque totalité des groupes était désormais appelée à faire sien.

Ce qui s'imposa à toutes les organisations sans exception, ce fut le principe du centralisme démocratique qui requit et imposa la supériorité absolue de l'échelon supérieur sur l'échelon subordonné, l'obéissance et l'obligation, pour ce dernier, d'appliquer la directive centrale. S'y ajouta, au niveau du fonctionnement des appareils, la nomination d'individus membres pour la plupart du parti communiste.

Dès 1950, à quelques exceptions près, ce système était instauré. Walter Süss distingue, au cours de ce processus, six types d'organisations concernées: la première désigne les organisations de masse, de classes ou de couches sociales comme les syndicats ou la chambre des techniques. La seconde renvoie aux plus grands groupes sociaux, comme les jeunes (FDJ) ou les femmes (DFB). La suivante désigne les organisations ayant un but politique ou social précis, comme l'amitié germano-soviétique (DSF), celle du sport (DTSB). La quatrième regroupe ce qui relève des coopératives de l'agriculture, de la justice et du commerce. La cinquième, les groupes professionnels comme les artistes, les écrivains ; et la dernière, les activités scientifiques comme Urania, par exemple[1].

Dès lors, l'individualité fut obligée de se fondre dans le groupe qui la dépassait et l'intégrait par tout un jeu de redistribution qui rendait l'adhésion absolument nécessaire : salaires, repos, loisirs, logements, alimentation, tout passait désormais par la structure supra-individuelle et les groupes réalisaient maintenant ce que peu de temps auparavant seuls les individus pouvaient espérer obtenir isolément. Ce faisant, les groupes obtinrent une assise

---

[1] Walter SÜSS, "Gesellschaftliche Interessen und gesellschaftliche Organisationen in der DDR," pp. 152-164, in *Deutschland-Handbuch. Eine doppelte Bilanz, 1949-1989* (Werner WEIDENFELD-Hartmut ZIMMERMANN, hrsg), 1989, *Bundeszentrale für politische Bildung*, 860 pages.

certaine en satisfaisant nombre d'attentes et en assurant un fonctionnement social indispensable.

B. Cette monopolisation de la violence centrale s'accompagna d'une décentralisation des pouvoirs à chaque niveau, invité à reproduire à son échelle la logique centrale. Mais seul un système de contrôle à crans multiples parcourant les différents échelons de l'organisation pouvait garantir le succès d'une telle ambition, en n'autorisant aucune déperdition de pouvoir pour le centre et en assurant, à chaque relais local, son efficacité : celle de maintenir une forme propre d'autorité, à côté de son objectif concret. Toute modification de l'ensemble, en vue d'une performance accrue de l'organisation, et opérée le plus souvent sous la pression extérieure, passa par un renforcement des systèmes de contrôle, seul facteur susceptible de réaliser au maximum, la décision centrale.

Les modifications qui ont été ainsi apportées ont cherché à améliorer les systèmes de transmission des ordres supérieurs : qu'il s'agisse de la suppression d'échelons ministériels intermédiaires ou de la constitution de nouvelles entités économiques, l'objectif a toujours visé plus de simplification par la concentration des pouvoirs au sommet de l'organisation considérée et l'intégration des dirigeants au sein des appareils de pouvoirs correspondants (administratifs ou politiques). La volonté d'améliorer le système de décision était ainsi concomitante de celle qui s'attacha à accroître la participation. La constitution des combinats débuta ainsi dès 1946. Dans les années 50, elle concerna les branches de la métallurgie, de l'électrochimie, de l'électronique et les aciéries. Le Nouveau Système Economique favorisa, dans la décennie 60, le renforcement de certains combinats par l'octroi de l'autonomie comptable. Au début des années 70, une nouvelle vague de concentration eut lieu et deux tiers des travailleurs se trouvèrent regroupés dans les entreprises appartenant à des combinats. Enfin, de 1978 à 1981, comme on l'a vu précédemment, la concentration s'opéra verticalement (et non plus seulement comme auparavant horizontalement) et concerna les entreprises productrices de biens de consommation.

C. La formation de groupes de techniciens et, avec elle, d'écoles et d'instituts spécialisés, de lois et de traitements privilégiés, mais également de devoirs pour ceux qui en bénéficiaient, tout cela apparut, en retour, comme le versant nécessaire de cette bureaucratisation de l'action[1]. Or, loin de ne créer qu'un corps de professionnels de l'administration ou des entreprises, les responsables politiques cherchaient à dominer ces personnels en leur imposant un profil propre de cadres loyaux, à même de reproduire la structure de l'action. Cela eut deux conséquences :

D'abord, d'élever d'importante façon le niveau intellectuel des travailleurs et, par là même, celui du parti, appelé à devenir toujours davantage un parti de techniciens et non plus un parti d'ouvriers. L'examen de l'évolution des qualifications révèle ce changement[2] : alors qu'en 1949 les travailleurs simplement qualifiés ou non qualifiés représentent 75% de la main-d'oeuvre, ils ne sont plus, vingt ans plus tard, que 44%, et 19% en 1980 (les prévisions pour l'an 2000 portèrent ce chiffre à 10%). Parallèlement à cela le nombre des travailleurs spécialisés augmenta dans des proportions considérables : 22%, 45%, 61% ; et les prévisions portaient ce chiffre à 65% à l'horizon 2000. Quant aux cadres titulaires d'un diplôme du supérieur, ils ont vu leur nombre multiplié par 7 en 30 ans, leur poids devant être porté à 25% de l'ensemble en l'an 2000.

La structure du parti ne refléta pas, loin s'en faut, la structure des qualifications du pays[3]. Si la RDA comptait en 1987, 75% d'ouvriers (ce chiffre inclut les travailleurs spécialisés et les contremaîtres), le parti SED lui n'en compta que 59%, ce chiffre ne comprenant pas, il est vrai, les employés que les statistiques générales ont assimilés aux premiers et qui représenteraient 7% des effectifs du parti. Quant aux individus, regroupés sous l'appellation Intelligenz, ils représentaient plus d'1/5 des effectifs du parti (22,3%) pour un poids national de 1/7 (15%).

La seconde conséquence renvoie à la constitution de véritables "féodalités administratives", effet de la spécialisation extrême et dont l'ajustement des divers intérêts devint une source fréquente de difficultés pour l'autorité centrale. Sous l'effet de la spécialisation accrue des tâches, la logique économique poursuivit

---

[1] Gert-Joachim GLAESSNER, *Herrschaft durch Kader*, 1977, Westdeutscher Verlag.

[2] Voir Katharina BELWE, "Sozialstruktur und gesellschaftlicher Wandel in der DDR", pp. 125-143, in *DDR-Handbuch, op. cité.*

[3] Voir Gert-Joachim GLAESSNER, "Der politische Prozess in der DDR," pp. 509-534, in *DDR-Handbuch, op. cité.*

son devenir propre qui modifia d'autant la décision politique centrale, l'obligeant à prendre en compte cet accroissement, ne serait-ce justement que sous l'aspect de la formation de cadres politiques, appelés à maîtriser ce devenir. Si cela eut un effet sur les entreprises, cela joua également sur ce parti qui, dans ces conditions, ne pouvait plus prétendre à la seule direction politique. Il devait se transformer en se différenciant, avec les risques de conflits internes propres, de ce fait, à toutes les organisations. Or, cette différenciation structurelle des appareils en fonction des différents champs, obligea les responsables à veiller à ce que l'unité du parti et son rôle dirigeant ne fussent pas remis en cause. Appliquée au cas des entreprises, cette tension entre l'élément technique et l'élément politique révéla que l'équivalence jouait ici entre compétence technique du pouvoir et position dans la hiérarchie bureaucratique et non, comme dans les organisations de type weberien, entre hiérarchie de savoir et hiérarchie de pouvoir.

On retrouva ici le conflit fréquemment rencontré dans ce type d'organisation, entre objectif politique et objectif économique. Au risque d'entraîner la chute complète d'un système d'autorité, l'objectif politique devait s'imposer envers et contre tout, c'est-à-dire à l'encontre même, éventuellement, des buts économiques recherchés par ailleurs et dont la non-réalisation pouvait occasionner des ruptures, voire des crises. Mais à l'aune de la nécessité de maintenir intact le type d'ordre politique, ces difficultés apparaissaient de moindre importance.

L'exigence première de former des cadres loyaux demeura fondamentale, et s'il existe un changement radical entre la conception de l'administration sous le capitalisme et sous le socialisme, c'est dans la transformation de la notion de devoir qu'il faut le chercher, à l'instar de ce qu'écrit Max Weber, lorsqu'il affirme : "le devoir s'accomplit dans l'exercice d'un métier, d'une profession, c'est l'idée caractéristique de "l'éthique sociale" de la civilisation capitaliste : en un certain sens, elle en est le fondement"[1]. Ici, bien au contraire, le devoir politique l'emporta et avec lui le trait distinctif des organisations que n'avait pas énoncé Max Weber, comme le rappelle justement G. J. Glaessner[2], à savoir le contrôle de la communication et de l'information.

---

[1] Voir Max WEBER, *L'éthique protestante et l'esprit du capitalisme*, Trad. franc. 1964, Plon-Agora, p. 51.

[2] Gert-Joachim GLAESSNER, *Le pouvoir bureaucratique*, *op. cité*.

2. L'ELARGISSEMENT DU DOGME

S'il nous faut conclure, alors nous pouvons avancer que les permanences l'emportèrent largement. L'adaptation au changement se fit plus par absorption de l'altérité que par mutation interne (c'est d'ailleurs ce qui fonde l'impression d'immobilisme quand on analyse ces 45 ans). Au fil du temps, l'émulation, de catégorie assez limitée à la sphère productive qu'elle était au début, était devenue une mesure généralisée de l'action collective. Tous les domaines de la vie se trouvaient placés en situation de compétition socialiste et pas seulement les unités de travail où l'on a vu qu'elle définissait l'ensemble des étapes du plan, de sa préparation à sa réalisation et jusqu'à son évaluation[1].

Loin de ne spécifier que la hiérarchie verticale des unités de travail, l'émulation se définissait comme l'objectif des administrations (centrales ou locales) qui se devaient, à leur tour, de reprendre et d'amplifier ces exigences de dépassement[2]. Il n'était pas jusqu'à l'échelon central qui ne fît siens les objectifs de l'émulation : à ce niveau de la décision, le concept d'émulation renvoyait à une disposition faite d'ouverture et d'intelligence vis-à-vis du changement technique. Il était ainsi posé comme le vecteur nécessaire du progrès technique que les échelons inférieurs se devaient d'intégrer par la mise en place, à leur niveau, de formations

---

1 D'autres analyses cherchaient à élaborer des critères permettant de déterminer l'importance de chaque élément entrant en ligne de compte. Dans le cas d'une campagne entre entreprises ou même entre combinats, l'on cherchera ainsi à comparer l'action des différents collectifs par le calcul de la productivité par travailleur, l'économie des matériaux réalisée, l'abaissement des coûts ou encore la meilleure utilisation de la main-d'oeuvre, les gains de temps, l'amélioration des circuits de productions. Sur ces deux objectifs, voir :
Willi KUNZ, "Erfahrungsaustausch und Leistungsvergleiche zwischen Kombinaten und Betrieben zur Erschliessung von Leitugsreserven", in *Sozialistischer Wettbewerb und umfassende Intensivierung, Abhandlungen der Akademie der Wissenschaft der DDR*, 1986, 103 pages.
Ainsi que, in *Wiss. Zeit. Technischen Hochschule Chemie Leuna-Merseburg 13*, (1971) 3, pp. 240-244.

2 Dieter WEGER, "Zur politischen Führung der schöpferischen Masseninitiative im sozialistischen Wettbewerb durch die Bezirksleitung der SED-Frankfurt", in *Sozialistischer Wettbewerb und umfassende Intensivierung, op. cité.*

adéquates aux nouvelles technologies, par exemple[1]. La longue citation qui suit est tirée des thèses sur l'émulation élaborées par la confédération syndicale (FDGB) en 1986. Elle n'a d'autre objet que de montrer sa polyvalence, attribut et principe régulateur de toutes les organisations, dimension fondamentale du comportement, signe en un mot, de la communauté des intérêts et des objectifs de l'action[2].

> "1. L'émulation socialiste se révèle être, par l'accroissement du potentiel de rendement de l'économie, un vecteur décisif pour la formation de la société socialiste développée.
>
> 2. L'intensification socialiste élargie se déplace au cours de la nouvelle étape de la réalisation de la stratégie économique au coeur de l'émulation socialiste.
>
> 3. L'émulation socialiste dans les domaines en amont de la production et en particulier dans la recherche, le développement et la technologie gagne toujours plus d'importance pour faire de la science et de la technique, un facteur qualitatif décisif, en vue d'une croissance élevée du revenu national.
>
> 4. L'émulation socialiste en vue de la couverture des besoins de la production de nouveaux biens de consommation de valeur pour le peuple est une tâche politique supérieure.
>
> 5. Les initiatives pour faire chuter les coûts de production et pour l'utilisation maximale du fonds national acquièrent dans l'émulation socialiste un poids croissant.
>
> 6. Les changements liés à l'automatisation du procès de travail soulèvent de nouvelles questions pour la conduite de l'émulation socialiste.
>
> 7. La révolution scientifique et technique, liée aux changements qualitatifs dans le procès de production imprime un caractère décisif au mouvement d'émulation en

---

1 Georg PATSCH, "Die neuen Anforderungen an die Verwirklichung der Schwedter Initiative", *idem* ; Gunnar WINKLER, "Soziale Aspekte des sozialistischen Wettbewerb", *idem*.

2 Voir *idem*, pp. 17-18.

faisant émerger de nouveaux champs d'action et en faisant croître les exigences des innovateurs.

8. La jeunesse déploie toute sa force pour la réalisation de la stratégie économique du SED et lutte pour que soit atteint un rendement élevé dans le cadre de l'émulation socialiste.

9. La concurrence socialiste en agriculture exige que soient prises, par les membres des coopératives et par les paysans, des initiatives à même d'autoriser l'obtention d'un rendement élevé.

10. La tâche de la nouvelle étape de la stratégie économique fixe de nouvelles échelles pour lier la conduite du processus d'intensification et de rationalisation au développement élargi des initiatives concurrentielles des travailleurs.

L'émulation se comprenait ainsi comme l'interaction d'organisations et de comportements : les premières rendant compte des seconds qui, à leur tour, actualisaient les institutions en en montrant le bien-fondé. La circularité du concept d'émulation semblait totale.

3. CONCLUSION. L'HABITUS SCIENTIFIQUE

En ce sens, l'émulation apparaissait comme l'habitus du système, c'est-à-dire l'attribut révélateur de l'essence même des organisations, à la fois dans le temps - en elle, se retrouvait condensée l'expérience entière de l'organisation du travail en RDA[1] - et dans l'espace, l'émulation devenait la propriété de toutes les institutions performantes. Un texte peut servir d'exemple de cette tentative qui cherche à synthétiser les dimensions générales de l'action : il s'agit de celui traitant de l'organisation scientifique du travail (OST) dont l'origine remonte aux premières heures du régime mais dont la loi de 1975 reprit quasiment tous les aspects[2].

Comme composante de la rationalisation socialiste, ce nouveau concept d'OST avait pour but d'intensifier la production, d'améliorer les conditions de travail et d'accroître la productivité. Les tâches de l'émulation proprement dite ne se trouvèrent guère modifiées. Elles visaient à promouvoir le meilleur travail possible au sein de conditions objectives optimales pour faire émerger la Personnalité socialiste idoine. Quant au concept englobant de l'organisation scientifique du travail, il devait s'appuyer sur des études de temps, la formation du travail, la classification, les normes, l'intéressement matériel et moral. Rien, ou presque, n'avait été substantiellement modifié dans le discours de ce que nous avons relevé précédemment comme étant le propre de la décennie 50.

Les études du travail, par exemple[3], devaient s'appuyer sur diverses méthodes et, à l'occasion, celle de Kowaljov était citée à l'appui. Les normes du travail faisaient, quant à elles, directement référence aux TAN et aux VAN, en honneur dans les années 50, et l'intéressement matériel était remis au goût du jour avec des primes qui n'étaient en rien neuves : prime au dépassement dans le cadre de l'émulation, prime pour les propositions d'amélioration du produit, prime pour les luttes contre les pertes de temps - à cet égard, le mot d'ordre était "Nouvelles techniques, nouvelles normes".

---

[1] C'est d'ailleurs ainsi qu'il le comprend lorsqu'il rappelle que l'OST prend sa source dans les expériences soviétiques de 1918, puis dans les applications tayloriennes des années 30, et le stakhanovisme des années 50. Associé au mouvement d'innovation et d'émulation ainsi qu'à celui de la médecine, de l'hygiène et de l'économie du travail, on le retrouve au coeur des années 60 avec le N.Ö.S. Il sera finalement réactivé dans le Code du travail de 1977, in:*Handbuch A bis Z, op. cité*, article W.A.O., pp. 66-71.

[2] *Anordnung zur Richtlinie über die Anwendung der wissenschaftlicher Organisation vom 17.4.1975. Gesetzblatt der DDR, 7.5.1975*, Teil 1, n° 19, pp. 337-349.

[3] *Idem*, p. 341.

Dans un tel cadre, les syndicats étaient appelés à jouer le même rôle auprès du parti et du directeur de l'entreprise. Mais était-il original d'appeler chaque acteur d'importance à collaborer avec les services de la région, en charge de la médecine, de la protection du travail, de l'hygiène, etc ? Il n'était pas jusqu'aux spécialistes de l'ingénierie sociale qui ne se trouvassent incités à se joindre à l'appel : ainsi en allait-il des sociologues, dont on attendait qu'ils éclairassent les décideurs en matière de participation des travailleurs, des psychologues ayant pour domaine d'expression la pénibilité du travail, des économistes du travail, des médecins du travail etc.

Le concept d'organisation scientifique élargissait son influence à toute la pratique sociale au fur et à mesure que le travail se trouvait plus largement interconnecté avec la totalité des aspects de la société et que les incertitudes - en matière de connaissance et d'action - s'accroissaient. (C'était d'ailleurs ce qui avait justifié, dans les années 60, l'appel aux sciences sociales et notamment à la sociologie). Les textes avaient ainsi pour fonction de couvrir au maximum ces sphères et adoptaient en conséquence un aspect de généralité qui s'identifiait quasiment avec le concept de société. A ce point précis, la clôture discursive était presque totale et par quelque bout que l'on prît ce problème du travail, on se trouvait confronté à tous les autres aspects : émulation, syndicat, travail, prime, parti, etc. Tout venait ensemble, nécessairement. Ceci, accessoirement, permet de comprendre pourquoi la lecture de ces textes, qui avaient la prétention d'englober de la façon la plus synthétique tout le développement social, était particulièrement pénible. Ainsi, de cette définition de l'organisation scientifique du travail, tirée du Lexique de l'économie[1], la posant comme "l'analyse de l'organisation de l'efficacité commune maximale des éléments du procès de travail dans l'ensemble des domaines de la production de la société socialiste et du développement dans toutes ses dimensions de la personnalité et du collectif de travail socialistes, y compris dans leur stimulation matérielle et moralo-idéelle".

Or, pour autant que tout ait contribué à enlacer la réalité dans un noeud inextricable de définitions des relations humaines et institutionnelles, cela permet de comprendre qu'aucune alternative interne, dans le sens d'un renouvellement discursif, n'était possible.

---

[1] *Lexikon der Wirtschaft*, *op. cité*, p. 105.

Toucher à un seul élément du système, c'était remettre en question les relations avec les éléments, immédiats ou non. La seule issue semblait bien être dans le rejet total et l'adoption d'autres prémisses. C'est ce qu'ont magistralement signifié tous ceux qui, durantl'été et l'automne 89, ont fui leur pays.

TROISIEME PARTIE

DE LA CRITIQUE INACHEVEE A LA CRISE GENERALE

De la volonté de parvenir à un fonctionnement social parfait à la réalité vécue par les individus, un fossé existait. Quelle qu'ait pu être la perfection des discours s'attachant à rendre compte de l'inaltérable valeur du message de Lénine, les critiques étaient bien là pour dénoncer, sinon l'ambition démesurée du projet sociétal, du moins les dysfonctionnements nombreux, les inadéquations, les erreurs et les frustrations qui ne cessèrent d'accompagner ses développements.

Le chercheur (en sciences sociales) qui, avant l'ouverture des frontières en novembre 1989, pouvait avoir accès à des textes contestant le bien-fondé de certaines décisions, prises au niveau central, ne pouvait, en revanche, les mentionner sans risquer de faire peser de lourdes menaces soit sur ceux qui l'auraient aidé, soit sur les auteurs de ces travaux. Car de tels travaux existaient. Frappés, certes, de l'estampille "secret de service", mais néanmoins bien là. Dans certains mémoires d'étudiants d'université ou d'instituts supérieurs, beaucoup plus rarement dans les ouvrages de leurs professeurs, on pouvait en prendre connaissance, pour peu que l'on restât longtemps dans les bibliothèques et que l'on se condamnât à ne jamais faire mention de leurs auteurs. Maintenant que ces préceptes n'ont plus cours et que la peur d'une telle publicité a disparu, leur mise au jour est possible.

Il ne faut pas chercher, dans ces travaux, une remise en cause générale et systématique des organisations. L'interrogation portant sur la validité des principes de l'action et sur la justesse des décisions prises ne fut jamais tolérée. Quelques traits témoignant d'un écart par rapport à la prescription centrale pouvaient être relatés: ici, les dysfonctionnements liés à la mise en place d'un combinat, là, la négligence du syndicat à remplir ses devoirs ; plus loin, la méconnaissance, de la part des travailleurs, des principes de régulation dans l'atelier, ou encore, le faible engagement socio-politique des diplômés du supérieur. Or, pour aussi disparates qu'ils apparaissent, ces textes n'en renvoient pas moins l'image de vastes champs traversés d'incertitudes. Ce sont eux qu'il convient d'examiner d'abord pour comprendre le divorce entre la réalité vécue des hommes au travail et le discours porté sur elle dans les sphères dirigeantes.

Cela ne suffit pas, néanmoins, à expliquer la crise générale qui a frappé la RDA en 1989. Ce n'est pas seulement à l'accumulation de ces désordres qu'il convient de référer l'effondrement de cet Etat ; et, de ce fait, l'explication de la crise de la RDA ne s'inscrit pas pleinement dans la série de celles qui ont scandé l'histoire des pays de l'Est européen depuis quarante ans.

SEPTIEME CHAPITRE

Incertitudes et inachèvement des organisations bureaucratiques

Les critiques ont concerné, de façon fragmentaire, l'ensemble des aspects de la régulation sociale que nous avons examinés avec les textes d'engagement, mais également les organisations des combinats et les acteurs syndicaux. Comme nous l'avons dit, une critique générale et ordonnée ne pouvait être tentée pour la simple raison que le coeur du système ne souffrait aucune analyse précise : le parti dirigeant restait, comme dans la clandestinité, un objet de culte auquel seul convenait le secret. Ses pratiques et ses règles de fonctionnement réelles étaient largement inconnues. Cependant, à la lecture des dysfonctionnements qui vont suivre, l'impression l'emporte que de vastes champs de désordre traversaient la pratique sociale. Rien, à vrai dire, ne semblait s'ordonner conformément à la prescription centrale et ce qui en résulte, c'est le sentiment qu'un fossé séparait les valeurs du Centre de l'expérience vécue.

A cet égard, le fonctionnement bureaucratique des organisations en RDA accusait des traits souvent mis en lumière à l'Est comme à l'Ouest mais qui semblaient, ici, avoir atteint un paroxysme. En théorie, on attendait de ce formalisme le maximum d'efficacité. La concentration des pouvoirs devait mener à la perfection des systèmes de transmission et l'intense régulation scripturale refléter la parfaite définition des tâches de chacun. Quant à l'organigramme des entreprises, il devait fidèlement restituer l'image d'une réalité rigoureusement contrôlée et agencée. Les faits témoignaient, à l'inverse, de quantité d'incertitudes auxquelles les autorités ne répondaient que par à-coups et par la seule voie du règlement. Du coup, les organisations souffraient de trois dysfonctionnements majeurs :

- le premier renvoyait à un formalisme juridique qui n'avait d'égal que le manque de contrôle réel de l'organisation sur elle-même. La multiplication des textes, les innombrables ordres et controrordres aboutissaient à l'arbitraire ;

- la constitution de "groupes d'intérêts" en résultait, véritables forteresses au sein même des organisations industrielles où régnaient en féodaux des dirigeants abusant de leurs pouvoirs, dissimulant la réalité, communiquant de fausses informations, etc. L'abus était ainsi monnaie courante dans ces sphères et l'automne 89 devait révéler l'ampleur inouïe des détournements de fonds et d'informations ;

- le recouvrement des compétences des différents départements en était également la conséquence et ceci menait en droite ligne au retrait pur et simple de l'action. Devant ce maquis de prescriptions et d'obligations, contredites et réaffirmées ou, parfois même, seulement supposées car elles n'étaient même pas rendues publiques, la seule attitude rationnelle paraissait être le retrait. Pour ne pas se trouver en situation potentielle d'être accusé, mieux valait ne rien faire.

Ce même réflexe, qui devait s'avérer si préjudiciable au fonctionnement collectif, était perceptible chez les acteurs institutionnels. Eux non plus n'échappaient pas, dans l'entreprise, à ce formalisme maniaque, assommés qu'ils se retrouvaient de notes et d'indications. Eux aussi se voyaient assaillis de textes et de circulaires et leur champ était si vaste qu'ils en venaient à être responsables quasiment de tout. La concentration des sphères du pouvoir, l'intégration étroite des différentes organisations et associations sociales menaient non seulement à une faible différenciation mais également à un recouvrement. La moindre tâche officielle requérait tout un chacun et finalement personne. Le formalisme était la règle et, là encore, le bilan l'emportait sur la décision. Si les syndicats péchèrent en ce système, ce ne fut pas tant pour avoir aidé le pouvoir politique, ce fut pour n'avoir rien fait. Ces comportements, dénoncés dans les pages suivantes, n'étaient pas propres à la seule RDA. Les sociologues hongrois, mais plus encore polonais, avaient, dans les années 80, révélé et dénoncé cette pente fatale des organisations bureaucratiques dont le terme ne peut être que la rupture pure et simple non seulement de la production mais également du lien social. La concentration ne pouvait mener qu'à un noeud, et tenter de le défaire par morceaux ou tenter d'en atténuer la pression localement ne pouvait mener qu'à une concentration encore plus grande. En ce sens, les dysfonctionnements de l'organisation est-allemande n'étaient pas différents de ceux que l'on percevait dans les organisations est-européennes pour la simple raison que les fonctionnements internes ne ressortissaient pas d'autres principes. Mais, répétons-le, en RDA, la régulation scripturale était plus grande, plus grand le souci de l'ordre, plus étroite l'interconnexion, en un mot mieux réussi cet étrange mélange d'une volonté d'épanouissement au sein de la plus extrême contrainte.

Les critiques concernant le fonctionnement interne de l'entreprise peuvent être regroupées sous trois chapitres : le premier a trait à l'information et, ici, c'est la connaissance même des textes régulateurs qui est mise en question (1) ; le second renvoie à l'innovation et plus largement à l'émulation dans ses principes organisationnels (2) ; le troisième dénonce l'incurie des syndicats qui n'usaient pas de leurs droits et n'assuraient pas, en certaines circonstances, la représentation des travailleurs (3).

1. CRITIQUE DE L'INFORMATION

A la base de l'attitude productive, avons-nous vu, il y avait l'engagement, et à la base de l'engagement, il y avait la signature confirmant l'adhésion à la proposition donnée. Du moins aurait-il dû en aller ainsi et l'on peut, du coup, considérer que le manque de connaissance des textes régulateurs par ceux-là mêmes qui avaient la charge de les exécuter, est l'une des mises en cause des plus importantes puisqu'elle dénonce non seulement un certain formalisme des textes mais plus encore la coupure entre les appareils chargés d'élaborer et de contresigner ces textes et les travailleurs sommés de les réaliser.

Plusieurs données mettent en question cette connaissance. Les résultats suivants sont tirés d'une enquête menée en 1980 auprès de 205 ouvriers de la production et de 124 cadres appartenant à quatre entreprises de la capitale. L'enquête a eu pour objectif de déterminer le niveau de connaissance des textes dans l'entreprise[1]. Des travailleurs interrogés, relevons que 20,4% appartiennent à un collectif d'innovateurs, 11,6% à un conseil de production permanent, 10% à une communauté de sport ; 34,6% ont signé un engagement personnel et 40,7% sont membres du parti. Trois traits invitent à considérer l'état d'intégration comme assez faible :

Le plan le plus connu est la convention collective : avec 80% de suffrages, il vient très loin devant les autres : 21%, en effet, déclarent connaître le plan d'innovation et ils sont 27,2%, si l'on considère les travailleurs ayant plus de dix ans d'expérience ; ce sont ces derniers qui cumulent une meilleure connaissance de l'entreprise en général et disposent de bonnes conditions de travail. Quant aux critiques adressées au mauvais fonctionnement de l'innovation, l'on relève l'imprécision des tâches fixées aux cadres en la matière : 65% des membres de cette catégorie répondent qu'ils n'en savent rien ou presque rien et ils sont 70% à estimer n'avoir aucune influence sur le processus. Tous enfin, cadres ou ouvriers, s'accordent pour souligner que les propositions émises mettent beaucoup trop de temps à être prises en compte et ne sont que trop rarement appliquées.

Les membres des divers collectifs sont-ils plus au fait des textes les concernant ? Au vu des données fournies dans le tableau n°1, on peut en douter ; aucune majorité ne se dégage pour justifier un tel constat ; pire, les membres de certains collectifs ne connaissent pas le tiers des textes : c'est le cas de la culture et du sport par exemple, mais également de ceux qui ont signé un engagement personnel ou, pire encore, ont été chargés de faire des innovations.

---

1 G. AULERICH, *Die Information im Industriebetrieb als eine Bedingung für die Mitwirkung der Werktätigen in der Gestaltung ihrer materiell-technischen Arbeitsbedingugen*, Humboldt-Universität, 1986, 86 p. + annexes.

Tableau n°1. Relations entre les activités de cogestion et la connaissance des textes

	Con. collec.	Plan de ration.	Plan d innov.	Mesures techniques
Exercice d'une fonction sociale				
oui	91	32	27	18
non	76	18	18	22
Fonction dans -un collectif d'innov.				
oui	93	38	45	28
non	78	18	15	19
-conf. de production				
oui	79	33	50	33
non	81	21	17	19
-comm. sécurité				
oui	87	36	36	36
non	79	21	18	18
-comm. cult/sport				
oui	86	29	24	10
non	80	29	20	22
-collectif intérêts				
oui	86	57	55	36
non	82	19	17	19
-engagement personnel				
oui	82	30	34	31
non	80	19	14	16

Les causes de l'inefficacité du système d'information sont au nombre de deux selon les personnes interrogées : d'abord, une mauvaise sélection. Nos données n'apportent pas plus de renseignements sur ce point mais l'on peut supposer que se trouve dénoncée ici la pléthore de renseignements qui aboutit à l'inaction proprement dite par recouvrement, le plus souvent contradictoire, des différentes sources d'information. Sur ce point d'ailleurs, soulignons que les tableaux et autres journaux ne sont que faiblement estimés. Ensuite viennent une mauvaise coordination, une rétention de l'information de la part de certains services ou départements et une faible préparation des personnels à la recevoir. Les cadres ne sont pas en reste en ce qui concerne une telle critique : 40% estiment que les décisions prises le sont en dehors de toute concertation et 32%, qu'ils n'ont aucune influence. Pour 47% d'ouvriers, la meilleure source d'information reste toujours la conversation personnelle avec le supérieur immédiat, en l'occurrence le contremaître.

Avec la critique de l'information, c'était le fonctionnement de l'organisation qui se trouvait mis en cause et avec lui la notion de participation.

2. CRITIQUE DE LA PARTICIPATION

Ce champ est également sous le coup de plusieurs critiques qui, là encore, pour aussi parcellaires qu'elles soient et référables seulement aux entreprises auxquelles elles font référence, n'en limitent pas moins la portée des assertions officielles. Trois causes sont décelables :

- Il manquait le plus souvent d'animateurs qualifiés pour entreprendre l'émulation socialiste, la soutenir et l'évaluer. Les syndicats n'étaient pas les seuls responsables car les directeurs également ne s'en occupaient pas tandis que les organisations sociales noyées sous la paperasse ne pouvaient pas y consacrer tout le temps nécessaire[1]. Peu associés au processus de décision, ils faisaient figure de parents pauvres du partenariat dans l'entreprise. Une distinction s'impose d'ailleurs ici entre les représentants des groupes de base et ceux des échelons supérieurs. Les premiers sont décrits comme plus proches de leurs collègues de travail dans l'atelier, plus attachés à la défense des intérêts immédiats, tandis que les supérieurs insistent plus sur l'obligation d'augmenter le rendement, d'exécuter le plan. On sera dès lors peu surpris d'apprendre que les tâches cardinales pour un syndicaliste de base, de renforcement de la conscience ouvrière, de discipline de travail et même d'exécution du plan recevaient en certaines circonstances un bien faible écho.

---

[1] Heite GORLICH, *Sozialistischer Wettbewerb in bezirksgeleiteten Kombinaten*, Humboldt-Universität, 1981, 59 p.

- Les critères d'évaluation étaient, en second lieu, très difficiles à établir sitôt qu'il s'agissait de dépasser la compétition de groupe de même niveau, ne serait-ce que pour s'élever à celui du département. En d'autres termes, les notions d'émulation complexes qui mettaient en jeu des compétitions entre entreprises, entre branches ou entre régions, tout cela n'était que papier et ne recouvrait aucune évaluation correcte. Par ailleurs, dans ce même ordre d'idées, rangeons les critiques proférées à l'encontre des ruptures dans l'approvisionnement ou dans le cycle de production qui étaient tels que ceux qui assumaient l'émulation ne pouvaient être responsables de son déroulement.

- Du coup, les travailleurs s'en désintéressaient, considérant qu'ils n'avaient aucune influence sur le processus[1]. Les critiques mettent ici en cause tout à la fois l'organisation du travail, la distribution des tâches, etc. Il importe de souligner ici que l'introduction de la bureautique ou de l'informatique ne modifia guère les divisions déjà remarquées entre les concepteurs et les exécutants, entre les femmes et les hommes, entre les ingénieurs, enfin entre les peu ou les non qualifiés[2]. Et plusieurs enquêtes soulignent de surcroît le faible impact de l'émulation dans les catégories de travailleurs les plus qualifiées. Analysant le champ de la recherche dans les grands instituts et les grandes entreprises[3], les analystes notent que, pour 60% de cette catégorie de diplômés du supérieur, l'émulation n'avait aucun effet. L'un d'entre eux conclut : "On ne peut pas dire que l'émulation remplit sa fonction en vue d'un rendement élevé dans la recherche"[4].

---

1 De très nombreuses recherches concluent à ce désengagement. Voir par exemple la thèse de A. KETTER, *Aufgaben der Wettbewerbsführung zur Beschleunigung der Erzeugniserneuerung untersucht in Kombinaten der Lebensmittel-Industrie, Dissertation A*, 1988, Hochschule für Ökonomie "Bruno Leuchner", 2 tomes. Par ailleurs de nombreux interlocuteurs nous ont fait part oralement de l'impossibilité d'organiser en 1989 pareille manifestation d'adhésion dans l'entreprise.

2 Artur MEIER (et alii), *Die soziale Realität der Einführung neuer Technologien. Vier Fallstudien aus Berliner Betrieben*, Humboldt-Universität, 1988.

3 *Leistungsverhalten bei der Durchsetzung des wissenschaftlich-technischen Fortschrittes*, (WITAL 83) (herausgegeben von R. WESTKOPF), 1986, Akademie der Wissenschaft, 2 volumes, 192 et 136 pages

4 *Idem*, t. 2, p. 31.

3. CRITIQUE DE LA REPRESENTATION

Les syndicats étaient ainsi au coeur de la critique : incapables de regrouper autour d'eux les énergies, ils laissaient fonctionner d'autres hiérarchies dont la plus importante était sans nul doute la hiérarchie professionnelle d'où émergeait la figure déjà rencontrée du contremaître. C'est lui qui s'imposa comme le véritable organisateur de l'atelier et non pas l'homme de confiance, en dépit de tous les souhaits exprimés plus haut. On ne s'étonnera pas que, dans ces conditions, certaines voix se soient élevées pour dénoncer l'absence de respect des droits syndicaux de sa part et sa soumission à l'autorité économique :

> *"J'ai participé - peut-on lire sous la plume d'un syndicaliste-étudiant de Bernau*[1] *- à une procédure disciplinaire dans le département. Un collègue était tenu pour responsable d'avoir consommé de l'alcool durant son temps de travail. Participaient également à cette réunion le chef de département, le contremaître, l'ensemble du collectif des travailleurs et un représentant de la commission syndicale du département. Le droit de représentation du syndicat en ce qui concerne la participation à la procédure disciplinaire, celui de poser des questions comme défenseur disposant du droit d'exprimer un point de vue syndical, ce droit-là ne fut pas utilisé lors de la procédure. Lorsqu'à la fin de cette dernière, je demandai au représentant syndical du département et à l'homme de confiance pourquoi ils n'avaient pas exprimé le point de vue syndical concernant la violation du droit du travail par le collègue, les deux me répondirent : "le chef du département et le contremaître avaient déjà tout dit, pourquoi devoir une fois encore tout répéter" (Der Arbeilungsleiter und der Meister haben doch schon alles gesagt, warum sollen wir nochmal alles wiederholen ?")".*
>
> Et notre commentateur de conclure *"l'attitude du représentant syndical ne correspond pas aux droits*

1 S. GROCHLA, *Das Zusammenwirken der Gewerkschaften im Betrieb mit der staatlichen Leitung zur Festigung der sozialistischen Arbeitsdisziplin (untersucht im VEB Petrochemisches Kombinat Schwedt)*, Bernau, Hochschule für Gewerkschaft, 1988, 29 p. + annexes.

syndicaux en ce qui concerne la participation aux procédures disciplinaires".

Critique de la représentation syndicale mais également critique du groupe, pourtant chargé d'offrir l'image la plus engagée, la plus réussie de l'organisation socialiste : la brigade du travail socialiste. Elle non plus n'échappa pas aux mises en cause et laissa voir le formalisme de son action, là où justement on se serait le moins attendu - d'après les textes - à le voir surgir.

Considérons cette brigade de 49 membres qui concourt pour le titre déjà rencontré de collectif du travail socialiste mais aussi pour celui de collectif de l'ordre et de la sécurité et pour celui de département exemplaire de cette entreprise qui emploie 2700 travailleurs, située dans la capitale et relevant des industries minières[1]. L'enquête a été menée en 1984 pour déterminer l'importance et la réalité de l'émulation socialiste dans cette brigade distinguée lors des 35 ans de la RDA, et récompensée par huit diplômes et un fanion.

En ce qui concerne l'innovation, ils sont près de 70% à n'avoir pas fait de propositions depuis trois ans et 58% à penser que cela prend trop de temps à être appliqué pour se donner la peine d'en émettre. Que près de 80% répondent que l'émulation socialiste est correctement réalisée n'est pas contradictoire avec d'autres données qui soulignent que pour 40% des travailleurs de la brigade la stimulation devrait être améliorée, pour 45% l'attention portée à l'innovation devrait être plus grande et pour 37,5%, ses tâches mieux définies. En réalité, l'émulation ne semble pas correspondre ici à un engagement de dépassement précis ou bien ne se limite qu'à la simple exécution du plan[2].

Connaîtrait-elle mieux les textes fondateurs de l'entreprise, cette brigade reconnue ? Dans une certaine mesure, oui, puisque

---

1 Nicole KÜHNEL, *Aufgaben und Probleme der Qualifizierung des sozialistischen Wettbewerbs unter Berücksichtigung von Kooperationbeziehungen, (untersucht im VEB Elektrokohle Berlin-Lichtenberg)*, Hochschule für Ökonomie "Bruno Leuchner", 1985, 54 p. + annexes.

2 Selon Hartmut ZIMMERMANN : "On peut dire que le travail qui s'effectue dans les conditions de l'émulation représente le cas normal dans une entreprise publique", in *Aspekte betrieblicher Mitwirkung in den Volkseigenen Industriebetrieben der DDR*, pp. 26-27.

70% de ses membres avouent connaître les tâches du collectif, 60% la convention collective et 57,5% le plan d'émulation. Mais l'on remarquera qu'ils ne sont plus que 40% à identifier le plan de rationalisation, 30% le plan d'émulation de l'entreprise, 25% celui de rationalisation. L'état de l'information s'avère donc meilleur dans ce collectif qui lutte pour la reconnaissance que dans les autres, comme l'ont souligné les informations précédentes, mais cela semble se limiter à la brigade elle-même et très rarement excéder ce cadre. Sans vouloir trop généraliser, à partir de ces seules données, il semble cependant que l'intégration joue prioritairement à ce niveau primaire de l'action.

Ainsi, pour aussi fluides et strictement agencés que se voulussent les principes organisationnels de l'entreprise, ils n'en reflétaient pas moins une grande hétérogénéité et des groupes et des acteurs de l'entreprise : des groupes d'abord. La brigade restait l'élément hors duquel on ne semblait guère s'orienter. La régulation jouait, à ce niveau, rarement à l'intérieur d'un plus vaste ensemble. Encore convient-il de limiter cette assertion aux hiérarchies professionnelles car ce que traduisent nos exemples, c'est bien l'hétérogénéité des acteurs : verticalement puisqu'il apparaît que les appareils centraux n'avaient pas les mêmes préoccupations que les groupes de base ; horizontalement, ensuite, au sein même de la brigade où les hiérarchies s'établissaient aux dépens d'autres.

Les syndicats, qui étaient posés comme les vecteurs institutionnels de l'ordre socialiste, s'avérèrent en bien des cas défaillants. Or, s'ils ne remplissaient guère leur tâche d'émulation, c'est le moins que l'on puisse écrire, que pouvait-il en être des autres fonctions, notamment de formation des consciences socialistes ? Qu'en était-il de la position réelle des syndicats face aux directeurs et notamment lors de décisions concernant les travailleurs dans le quotidien ?

Hétérogénéité des groupes, défaillances des acteurs, tout semblait concourir à un désengagement certain de larges couches de travailleurs. Des résultats d'enquête mettent, d'ailleurs, en cause ce phénomène de la part des diplômés du supérieur. Eux, qui en tout temps comptèrent parmi les privilégiés du régime, témoignèrent de bien peu de reconnaissance si l'on considère leur peu d'empressement à participer à l'action politique ou à l'action sociale.

Ceci incite, dès lors, à soupçonner l'existence, au sein de la société de la RDA, de phénomènes fréquemment rencontrés dans d'autres sociétés d'Europe de l'Est : le désengagement des citoyens vis-à-vis de la chose publique. Nous allons revenir, après l'examen des critiques, sur ce qui se passe aux yeux des chercheurs polonais pour une valeur heuristique fondamentale dans la recherche des causes de la crise dans leur pays. Ce phénomène avait été remarqué également en RDA dans les années 70 par des spécialistes occidentaux, contredisant les assertions officielles sur l'harmonie entre le peuple et "son" parti[1].

4. LES LIMITES DE LA RATIONALITE ORGANISATIONNELLE.

Très rares sont, à notre connaissance, les critiques à l'encontre des combinats, de leur organisation interne, de leur efficacité, et cela d'un point de vue sociologique. C'est la raison pour laquelle l'analyse, dont nous rendons compte maintenant, est intéressante en dépit de son caractère partiel. Car, si de telles constructions économiques ont abouti au contraire de ce qui était initialement attendu - non pas tant la maîtrise des processus productifs que leur blocage - néanmoins certaines réussites sont à mettre à leur actif, compte tenu des résultats acquis dans les pays socialistes voisins.

Notre étude concerne un combinat situé à Berlin[2]. Il regroupe 17000 travailleurs environ, répartis dans cinq entreprises, dont plusieurs disposent de bureaux et d'ateliers dans tout le pays. Il appartient au secteur des biens de consommation et a pour charge d'assurer la production d'articles aussi variés que des accessoires automobiles (ventilateurs et clés), des balais et des brosses, de la

1 Kurt SONTHEIMER, Wilhelm BLEEK, *La République démocratique allemande*, Armand Colin, Collection U, 1975 (les pages 116 et suiv.).
2 Bettina SCHWARZ, *Wirtschaftsorganisatorische Veränderungen in ihren Wirkungen auf die Leitungsstruktur und die Stellung und Funktion von Leitern. Fallstudie im VEB Kombinat Industriebedarferzeugnisse*, Berlin, Institut der Soziologie, Universität Humboldt, 1988, 76 pages.

colle, des rouleaux pour meubles, etc. Sa constitution, en 1981, a modifié les cinq entreprises soumises désormais à son autorité. Les pouvoirs de décision propres à ces unités se sont trouvés d'autant plus changés, qu'en 1984, des changements concernant la structure de la décision ont été opérés. Ils ont eu pour effet immédiat de transférer au niveau de la maison mère les services scientifiques et techniques aux fins d'une meilleure coordination des efforts centraux et intermédiaires de chaque échelon. En 1984, ce bureau a gagné ainsi 31 nouveaux travailleurs dont 7 cadres dirigeants. S'y ajoute l'installation de deux ordinateurs permettant de centraliser l'information. Les tâches des directeurs des autres entreprises sont, de ce fait, transformées dans la mesure où cet important secteur ne leur appartient plus en totalité, et parce qu'ils sont appelés à traiter cette fois non plus directement mais par l'entremise de cette strate d'experts.

Ce qui est ainsi attendu de cette adaptation du combinat, c'est une meilleure utilisation de moyens pour viser une plus grande efficacité et une meilleure collaboration de tous les échelons, donc une meilleure participation. Du coup, le centralisme démocratique doit se trouver renforcé par l'amélioration des circuits de l'information et par l'accroissement de l'intégration des personnels. Tel est l'objectif visé.

Or, qu'en est-il réellement ? Trois séries de données contribuent à nuancer profondément les hypothèses originelles.

La première hypothèse concerne l'accroissement de la division verticale et horizontale de travail. Elle se trouve vérifiée puisque l'on note que le nombre de travailleurs, appartenant à la strate de l'administration, s'est accru. La formation du combinat a donc amené une croissance des échelons dirigeants. Mais cet accroissement quantitatif ne semble pas se retrouver au niveau de la qualité du travail en commun des différents départements et bureaux : si 1/3 des cadres interrogés font état d'une amélioration de l'information, 1/3 rétorquent que les temps d'attente se sont allongés, que les échanges sont bien moindres, que les données tardent à être fournies et, qu'au bout du compte, la qualité s'est détériorée. Enfin, la moitié des cadres de la maison mère se plaignent, eux aussi, de la faible information obtenue[1].

---

1 *Idem*, p. 35.

La seconde hypothèse touche au renforcement du pouvoir de décision. Cette hypothèse, aux yeux de l'auteur, est invérifiable car, si les personnes interrogées affirment avoir plus de contacts entre elles, elles n'en concluent pas à une plus grande capacité de direction. Au contraire, elles expriment un profond sentiment de frustration : l'information ne leur parvient pas et reste du domaine exclusif des experts de la couche scientifico-technique. Cette évaluation négative du pouvoir d'influence sur la décision se retrouve à tous les niveaux de l'organisation : 50% des cadres du combinat et le même pourcentage parmi ceux des entreprises dénoncent ce phénomène, estimant n'avoir pas assez d'informations pour décider et travailler seuls, sans collaboration, ce qui revient au même.

La troisième hypothèse concerne la réalisation des intérêts sociaux de l'entreprise et de ses personnels dirigeants. Là encore, l'auteur du rapport l'évalue négativement. Si la maison mère opère une plus grande domination sur les échelons subordonnés, les dirigeants concluent à une diminution de leurs pouvoirs et à l'aggravation de leurs relations horizontales. En d'autres termes, la dépendance des cadres vis-à-vis des services dirigeants du combinat a joué contre les relations entretenues autrefois entre entreprises, à la base. La frustration soulignée plus haut s'est trouvée renforcée de la faible promotion interne. Si 55 personnes viennent de l'intérieur, 46 ont été recrutées à l'extérieur. Quant à la constitution de l'échelon supérieur, il n'a donné lieu qu'à une seule promotion interne sur les neuf postes pourvus. Par ailleurs, l'effort de qualification a porté sur l'individu promu justement, au seul bénéfice de la maison mère qui a fait "monter" les meilleurs éléments, privant ainsi les autres entreprises de travailleurs compétents[1].

IMPORTANCE DES EMPLOYES ADMINISTRATIFS ET CADRES AINSI QUE DE LEURS QUALIFICATIONS CORRESPONDANTES DANS LES ENTREPRISES DU COMBINAT AU 1.6.1984

	Maison mere	2	3	4	5
Dipl. supérieur	81	5	42	19	31
Contremaitre	7	-	2	5	4
Trav. spécial.	59	5	73	26	39
Non specialisé	-	-	3	7	3

1 *Idem*, p. 32.

Enfin, les différences se sont accrues entre travail conceptuel tel qu'il s'élabore au niveau de la maison mère et travail opératoire dont sont seuls chargés les autres.

De la non vérification partielle de ces trois hypothèses, tirons, pour notre part, trois enseignements :

- La constitution du combinat, si elle a renforcé le pouvoir des échelons supérieurs sur les échelons inférieurs, n'a pas significativement renforcé le pouvoir de contrôle ni, semble-t-il, le pouvoir de décision. La formation du combinat a, certes, augmenté les tâches administratives mais n'est-on pas en droit de penser qu'il s'agit là d'un renforcement des tâches paperassières ? On ne note, en effet, bien au contraire, aucun accroissement de l'information. Dans ces conditions, alors que les blocages semblent se renforcer, pourquoi cela irait-il mieux au niveau de la décision ? N'est-on pas également en droit de supposer l'existence de phénomènes repérés ailleurs et qui consistent en la constitution de "colonnes autonomes de l'action" : parce qu'une décision faisant appel à plusieurs directions situées horizontalement, et donc nullement dépendantes les unes des autres, requiert une multitude d'instances, de commissions, de réunions et d'autorisations pour être enfin prise, on peut aisément évaluer la perte d'énergie de telles procédures et l'autonomie relative des parties en présence. L'on assiste ici à un phénomène caractéristique des organisations centralisées où la déperdition des performances résulte directement du recouvrement des tâches de plusieurs échelons de la décision.

- De ces changements, la strate des experts s'avère la plus bénéficiaire aux dépens justement des cadres des échelons inférieurs qui manifestent une grande frustration. A l'absence de promotion, se sont ajoutées l'absence de qualification et la privation d'autonomie en matière de décision. Une fois encore, le changement semble n'être que du seul ressort du sommet de l'organisation.

- La notion de participation, dans ces conditions, s'avère aléatoire et pour ainsi dire ne semble recouvrir que bien peu de chose : que signifie entretenir de meilleures relations individuelles quand ni l'expertise ni la décision ne prennent en compte les points de vue des échelons de base ? Le mécontentement l'emporte et, avec lui, le faible sentiment d'identification au processus de formation du combinat. Plus grave encore, et cela l'auteur de notre monographie l'affirme clairement, pour autant que des changements organisationnels se soient produits, cela n'a pas donné lieu à l'unité des buts socio-économiques requise en droit : "avec la formation du combinat, écrit-il, l'unité économique a été réalisée mais pas l'unité sociale"[1].

L'accroissement de la centralisation, puisque tel était le pari adopté par les responsables est-allemands, semble avoir été, au vu de notre exemple, dans l'impossibilité de corriger les difficultés auxquelles se sont heurtées nombre d'entreprises est-allemandes. L'augmentation du contrôle de l'organisation sur elle-même a mené à son contraire : l'accroissement de l'incertitude. La multiplication des échelons administratifs a promu des processus d'hétérogénéité de l'action, et la rationalité attendue de telles transformations n'a guère vu le jour. La volonté d'augmentation du contrôle a laissé émerger de larges zones d'ombre dont on peut supposer qu'elles ont favorisé d'autres hiérarchies : professionnelles, d'abord, autour de la figure centrale du contremaître ; locales, ensuite, avec l'apparition de groupes poursuivant peut-être des buts, sinon opposés, du moins différents de ceux de l'organisation.

En ce sens, la recherche de la constitution de modèles mathématiques simplifiés vers la recherche de toujours plus de discipline et de contrainte centrale dans l'entreprise, s'est heurtée frontalement au facteur humain, générant perte d'information et d'énergie et, pour finir, d'engagement des personnels. Cette absence d'identification au processus de travail et, au-delà, à l'entreprise elle-même, demeure l'une des incertitudes les plus lourdes qui grève le cours inauguré en 1990.

5. L'ORIGINALITE EST-ALLEMANDE

La pertinence de ces critiques - fussent-elles jamais assumées en haut lieu - révèle néanmoins l'ampleur des désordres secouant ces types d'organisations. Or, pourquoi, en dépit de ce qui

---

1 Bettina SCHWARZ, *op. cité*, p. 37.

pouvait être murmuré et même écrit, ce modèle était-il capable, aux yeux des dirigeants mais également d'une masse considérable d'individus, de fonctionner comme le seul modèle possible ? Pourquoi, en second lieu, alors que d'autres pays ont montré que de l'accumulation de tels dysfonctionnements il pouvait résulter une crise générale des mécanismes sociétaux, ce n'est pas ici, dans l'entreprise, que s'est joué le sort du régime de Honecker, même s'il ne fait aucun doute que la crise de l'automne 89 est le signe de l'épuisement total d'un modèle organisationnel ?

5.1. Nécessité et contrainte du jeu

Dans ces conditions, quel poids pouvait bien avoir, en 1988, l'exemple de Hennecke, le stakhanoviste de 1948, pour ne citer que lui ? Quels effets d'entraînement, de stimulation, bref, de mobilisation des énergies pouvait entraîner l'appel d'Erich Honecker lorsqu'il affirma en novembre 1988 que le geste de Hennecke "*fut un grand événement économique. Une profession de foi et une percée vers une nouvelle attitude au travail... un bouleversement révolutionnaire dans la pensée et dans l'action était en marche pour une nouvelle discipline socialiste... le mouvement des activistes et de l'émulation était et est étroitement lié au devenir et à la croissance de notre république démocratique Allemande*"[1].

La mise en cause, en effet, des pratiques et du fonctionnement social, partant, celle des comportements socialistes, en un mot cette mise en échec des principes idéologiques, les autorités ne l'ignoraient pas, même si elles cherchaient à faire le silence sur elle, la plupart du temps[2]. Elles n'étaient pas davantage dupes des difficultés à prétendre entraîner les travailleurs vers un

1 Erich HONECKER in *Neues Deutschland*, 17 nov. 1988.
2 Il n'est pour s'en rendre compte que de lire l'ouvrage de Jörg ROESSLER (cf. note 3, p. 68, 2e chapitre) pour y saisir la permanence des critiques adressées au fonctionnement de l'entreprise est-allemande. L'auteur rappelle, par exemple, qu'avant 1961 le ministère des Finances n'était pas informé des profits réalisés par certaines entreprises et que les textes internes de l'entreprise n'étaient pas connus par les travailleurs (p. 272). Ce sont exactement les mêmes critiques que nous avons pu lire, quant à nous, vingt ans plus tard.

surcroît d'effort. Chacun savait que les objectifs de base étaient émoussés et que les vieilles formules de l'émulation ne faisaient plus autant recette qu'auparavant. Et pourtant, il n'était pas un responsable, chargé de rendre compte d'un développement quelconque dans son travail, qui ne se servît des catégories que la réalité démentait quotidiennement ou presque. Alors pourquoi ?

Le premier élément de réponse tient dans la limite historique absolue dans laquelle évoluait la RDA, qui contraignait la pensée mais également l'action dans une seule direction. En dehors de sa propre existence - inaugurée en 1949 - c'était sa négation qui apparaissait sous la forme des régimes politiques antérieurs, capitaliste impérial ou nazi. Pour justifier son bien-fondé, ce régime fut contraint d'actualiser sans cesse ce passé aboli. La négation l'entourait comme la mer, l'ile, que ce fût sous les auspices du nazisme ou sous ceux du capitalisme ou encore des tendances réformistes à l'intérieur du bloc ami. De ce fait, il n'y avait d'autre légitimité que dans les institutions et il ne pouvait y en avoir d'autre. Et, plus les autorités entendaient les réformer, et plus leurs efforts tendaient à davantage perfectionner le modèle existant, celui-là même que l'action concrète mettait en cause. Aux résultats de ce système, il n'y avait rien à opposer et la seule légitimité escomptée ne pouvait venir que des performances internes.

Par là même, une alternative au système dans le sens d'une organisation différente ne pouvait pas être le signe de son évolution mais tout simplement celui de son abolition. Telle était la caractéristique de la RDA qui ne pouvait, à la différence de ses voisins immédiats, puiser dans son passé d'avant-guerre la source d'une légitimité différente[1]. La RDA était tout entière dans l'élaboration théorique du léninisme et dans les limites de ses structures, héritées à la naissance. Elle n'était plus rien en cas de réforme cherchant à instaurer un autre type de propriété. Les références au passé fondateur étaient toujours d'actualité car, en dehors d'elles, il n'y avait rien et cela malgré leur inadaptation croissante à la réalité et aux aspirations des citoyens.

Le second élément de réponse dérive de ce qui précède. La répétition des mêmes formules permettait de mesurer l'écart entre la prescription idéale et la réalité défaillante. Elle permettait d'évaluer le chemin restant à parcourir, l'effort qu'il convenait encore de fournir.

---

1 Voir Hartmut ZIMMERMANN, "Partizipationschancen und Machtverteilung", art. cité, in G. J. GLAESSNER, p. 279.

En un mot, elle donnait l'illusion de l'histoire, quand bien même l'immobilité l'emportait. Plus généralement encore, l'échec partiel de l'émulation dans les faits n'était pas dissociable du devenir historique de la société est-allemande. Il s'inscrivait, aux yeux des idéologues, dans un processus en marche qu'éclairaient les buts fixés centralement. Du coup, l'émulation demeurait un filtre essentiel du discours et ceci révélait la première caractéristique de l'idéologie qui était bien de masquer le réel en en offrant une vision cohérente. Dans le discours sur l'émulation se trouvaient réunies l'histoire, sa répétition et son évolution; mais également se retrouvait en lui la possibilité d'augmenter sa propre chance en gravissant les échelons de la réussite, pourvu que l'on ne contestât pas le cadre très rigide dans lequel tous ou presque devaient jouer. Comme on l'a vu, cela ne requérait pas nécessairement que soient officialisés en tout temps et en toute heure des débordements d'enthousiasme pour la chose dite ou écrite. L'obéissance seule parfois suffisait. C'est elle qui consistait à répéter le discours précédent, à signer ou à contresigner le plan, l'engagement, la promesse que la réalité peut-être démentirait mais que tous alors, anonymement, assumeraient.

Enfin, le troisième élément de réponse renvoie à l'idée d'épuisement complet de ce modèle socio-économique. Le rappel, à grands coups de trompe, des mérites du mineur sonne, en 1988, comme l'aveu d'une défaite historique: celle d'un mouvement qui s'est pensé comme le dépassement scientifique de l'initiative créatrice. Hennecke est, en effet, toujours apparu, dans la symbolique générale, comme l'élément de l'héroïsme des temps de la reconstruction, et plus encore comme le signe de la transition positive dont les années suivantes devaient atténuer le caractère volontaire et individuel pour laisser place au groupe et à l'action collective. Les principes de la dialectique marxiste trouvaient leur compte dans ce passage de l'individu au groupe et les idéologues se croyaient quittes de l'explication de la transformation de la conscience solitaire en la conscience collective. La légitimité de l'action centrale était fondée grâce à la diffusion et à l'élargissement de cet enthousiasme au sein des différentes communautés.

La reprise de l'action de Hennecke comme modèle toujours pertinent quarante ans plus tard, la reproduction de son geste sous forme d'affiches, la publication de nouvelles analyses et la rediffusion d'autres plus anciennes, au moment même où dans le bloc on reconnaissait, URSS en tête, le caractère fictif d'un tel geste, où l'on dénonçait le mensonge et la mise en scène en annulant purement et simplement des livres d'histoire les notions d'émulation et de stakhanovisme, tout cela révélait, a contrario en RDA, une crispation inouïe de l'autorité sur un modèle d'action périmé. Avec la revalorisation de Hennecke, l'idée de la citadelle assiégée reprenait ses droits. L'entreprise de légitimation de l'action par la technique et l'efficacité pratique ayant historiquement échoué, restait alors le coeur de la légitimité normative : la croyance dans la justesse de l'action du parti et l'élaboration de la geste héroïque.

Or, en 1989, il ne s'est trouvé quasiment plus personne pour accomplir ce retour à la case départ que d'aucuns, en haut lieu, escomptaient.

5.2. Les limites d'un schéma explicatif des crises

Pourtant, les critiques relevées plus haut pouvaient laisser supposer que des mouvements analogues à ceux déjà rencontrés en Pologne ou en Tchécoslovaquie pouvaient, ici, se reproduire. On était, en effet, en droit de considérer que la RDA n'allait pas échapper à la "logique" de ce système qui, dans ses équilibres comme dans ses crises, produisait des comportements assez semblables dans chacun des pays concernés. Or, il n'en a rien été en RDA. Non seulement il ne s'est pas agi d'une révolte "classique", mais cela ne s'est pas joué dans l'entreprise.

Les crises politiques en Europe de l'Est peuvent être décrites selon un schéma somme toute simple où les revendications ouvrières occupent une place centrale. Certes, il n'existe pas de classe bourgeoise ni de classe ouvrière en face-à-face mais il s'agit bien d'une confrontation entre détenteurs du pouvoir économique et classe travailleuse. C'est bien la traduction de la lutte des classes au niveau de la production ; et ce schéma marxiste a assez bien fonctionné dans les exemples polonais et tchèques. Mais en RDA, en 1989, il n'y a pas eu de relations entre ces deux groupes. Plus encore, la crise syndicale est apparue comme la conséquence de la crise politique et non l'inverse. C'est, en effet, à partir de l'effondrement du pouvoir syndical que se comprend habituellement celui du pouvoir politique.

Si l'on essaie de schématiser le déroulement des crises, du moins dans les deux pays limitrophes de la RDA depuis quarante ans, l'on assiste au déroulement de trois cycles :

- le premier se développe dans l'entreprise. Les revendications sont le plus souvent économiques et parce que la solution ne se trouve pas sur le lieu de travail mais à l'extérieur, au niveau de la région et parfois même au Comité central, le conflit se déplace très vite en s'élargissant hors des unités de production ;
- le second cycle s'enclenche lorsque les responsabilités politiques sont mises au jour et que, quittant le terrain des salaires ou des conditions de travail, la colère se porte sur les mécanismes institutionnels du contrôle social, économique puis politique. La confédération syndicale est la première atteinte et les chefs syndicaux sont les premiers boucs émissaires que le pouvoir politique sacrifie très vite, avant d'abandonner d'autres prérogatives, si le besoin s'en fait sentir, comme la reconnaissance de l'autogestion, etc. ;
- le troisième cycle se met en branle lorsque, poussant plus loin l'enchaînement des causes de la domination, ceux qui sont devenus les insurgés, rejoints en certaines circonstances par d'autres catégories dont les intellectuels, dénoncent l'impéritie du pouvoir quel qu'il soit et la subordination des intérêts nationaux à ceux de l'empire soviétique. La limite du développement possible est atteinte à ce moment précis lorsque l'occupant soviétique est montré du doigt ; et l'URSS agit alors comme borne ultime à partir de laquelle l'ordre, par des moyens divers, est rétabli.

Or, ceci ne correspond que partiellement à l'évolution de la crise ouverte en RDA. Les racines immédiates de la crise ont été imprévues : la fuite par dizaines de milliers de ses citoyens, le débordement pacifique par centaines de milliers dans les rues et l'occupation des places, rien de cela n'avait été antérieurement expérimenté et jamais il ne s'est agi d'organiser différemment les entreprises. Quand il a été acquis que le pouvoir antérieur avait été renversé, la question n'a pas été celle d'un développement autonome mais bien celle de l'adoption d'un modèle en vigueur ailleurs. De ce fait, une analyse en termes marxistes (à l'aide du concept de lutte des classes) ne semble guère opératoire, mais pas davantage celui d'analyse "systémique" (si par ce terme l'on entend la reprise des principaux traits en vigueur dans les autres crises).

C'est la raison pour laquelle, abandonnant le champ de l'entreprise qui fut le nôtre jusque-là avec le concept d'émulation, il nous faut nous tourner vers un autre concept pour essayer d'analyser la chute des organisations en RDA : le concept d'anomie à même de rendre compte de l'incomplétude de l'ambition fondatrice.

HUITIEME CHAPITRE

L'anomie d'un système social

Délaissant le champ de l'entreprise, essayons d'englober dans notre analyse la société entière pour tenter d'avancer une explication de ce qui s'est joué d'octobre 1989 à mars 90. Ce qui s'est enclenché à cette date a, en effet, laissé voir un effondrement de quasiment toutes les pratiques et croyances collectives antérieures et, à la différence de ses proches voisins - Pologne ou Tchécoslovaquie par exemple -, la RDA n'a pas pu rechercher dans son passé antérieur à 1949, ou même à 1945, la source de son renouveau.

La fin de la RDA s'est jouée tout autant sur la puissance déflagratoire du modèle socio-économique ouest-allemand que sur l'épuisement institutionnel et moral de la société de RDA. De ce fait, le changement opéré a combiné des éléments à la fois endogènes et exogènes. Jamais, peut-on affirmer, il n'y eut ni accroissement ni élargissement de l'action collective, du type de celle relevée par certains sociologues en Pologne par exemple[1]. Jamais, non plus, il n'y eut ni anomie partielle ni incertitude localisée qui aurait laissé jouer un système de double pouvoir comme, là encore, d'autres pays de type soviétique en crise l'ont montré.

---

1 Alain TOURAINE, *Solidarité*, Fayard, 1982.

Bien au contraire, avec la RDA, il y eut vacance de l'action. Par là même, nous nous trouvons devant un cas très original de ce que l'on peut appeler une anomie généralisée. Par ces termes, nous entendons un ébranlement du système tout entier qui s'enracine dans une accumulation de phénomènes négatifs, renvoyant tout autant à la désorganisation sociale qu'aux dérèglements individuels (I). A côté d'éléments classiques de crise dans une économie de type soviétique (II), s'est trouvée interdite toute émergence d'une quelconque alternative, susceptible de promouvoir un autre type d'action collective (III).

I. L'ACCUMULATION NEGATIVE

1.1. L'anomie généralisée

L'emploi du terme d'anomie comme concept permettant de rendre compte de certains dérèglements mérite qu'on rappelle certains éléments de son contenu.

Ce concept, élaboré par Durkheim, rend compte d'un type donné de la régulation dominé plutôt par un déficit de la règle centrale[1]. Mais, comme l'a souligné Philippe Besnard dans un

1 Emile DURKHEIM, *Le Suicide*, PUF, 1980 (10e tirage), 363 pages.

ouvrage récent[1], il est un aspect du suicide qui renvoie à un autre type de régulation, caractérisé cette fois, par l'aspect contraignant qu'elle exerce sur les individus qui y sont soumis, c'est l'aspect fataliste. Ce second versant de l'anomie indique non plus le vide de la régulation mais bien un trop-plein. Il peut s'avérer fécond pour l'analyse des systèmes témoignant d'une extrême centralisation des processus de régulation. Ce qui se joue, lors des crises de ces systèmes, c'est ainsi la désintégration sociale et ceci met en jeu le fondement de la règle, à savoir sa légitimité ou son illégitimité qui renvoie ici très précisément à la capacité des individus de pouvoir supporter ou non la contrainte centrale. C'est la raison pour laquelle la régulation d'un système extrêmement contraint centralement se définit avant tout pour ceux qui la subissent par le poids de cette contrainte et par le sentiment de son caractère supportable ou non. L'illégitimité de la règle renvoie à son insupportabilité qu'éclairent les interdictions multiples et localise les possibles foyers de désintégration au sein d'un système très centralisé.

Si un tel raisonnement est valide, ce n'est pas le déficit de la règle qui prime avec notre exemple mais bien son caractère par trop pesant. La désintégration sociale est bien référable à un trop-plein de règles et non à leur absence. Il est clair que ce premier aspect du concept éclaire un moment essentiel, non seulement du déclenchement de la crise est-allemande mais également de son développement : la fuite hors de leur pays, par centaines de milliers, de citoyens est-allemands. Nous reviendrons plus loin sur ce phénomène capital, mais notons d'emblée qu'il n'a cessé de se manifester, tant encore sous la régulation extrêmement centralisée

---

1 Philippe BESNARD, *L'anomie*, PUF, 1986, 467 pages. On se doit de souligner que dans l'économie de l'analyse durkheimienne, cet aspect du suicide n'a pas l'importance que lui accorde, à juste titre selon nous, Philippe Besnard dans sa longue analyse du concept. Ainsi Durkheim écrit-il au bas de la page 311 (édition citée de référence) : "il pourrait se faire qu'il eût un intérêt historique. N'est-ce pas à ce type que se rattache le suicide des esclaves que l'on dit fréquent dans certaines conditions, tous ceux qui, en un mot, peuvent être attribués aux intempérences du despotisme matériel ou moral. Pour rendre sensible ce caractère inéluctable et inflexible de la règle sur laquelle on ne peut rien et par opposition à cette expression d'anomie que nous venons d'employer (l'auteur a parlé dans ce chapitre du suicide anomique, F.B.), on pourrait l'appeler le suicide fataliste". Ainsi à l'anomie entendue comme affaiblissement de la norme viendrait s'opposer le fatalisme comme caractère illégitime de la règle. Comme l'écrit Philippe Besnard, "le principe du fatalisme serait moins l'excès de règles que l'impossibilité d'intérioriser une règle inacceptable", *op. cité*, p. 97.

des mois de juin, juillet et août 1989 qu'ensuite, lorsque la dérégulation a menacé toutes les institutions.

Or, ce point mérite qu'on s'y arrête. Car, à suivre Durkheim, que la contrainte vienne à se relâcher et le caractère insupportable de la règle diminuera pour laisser place à l'émergence de règles conformes aux aspirations du plus grand nombre. Jean-Daniel Reynaud a pu, à l'aide de statistiques portant sur les taux de suicide des différentes catégories socio-professionnelles le vérifier encore une fois avec le cas polonais des années 1978-1983[1]. Si, en effet, le processus de formulation des règles peut se comprendre comme le produit d'une négociation entre plusieurs parties, on s'entendra alors pour souligner qu'en l'absence d'une contrainte non voulue, c'est la majorité qui fondera le compromis et le tournera à son avantage. La source de la légitimité peut ainsi se comprendre en termes d'acceptation et de consensus, pour peu qu'on dessine derrière eux les notions de négociation et d'accord. Avec notre cas est-allemand, nous aurions dû assister, en conséquence, à un renversement conforme à ce qui précède sur au moins trois points :

- qu'une majorité se soit dégagée pour formuler d'autres règles collectives ;
- qu'au caractère insupportable de la règle des "années Honecker" ait succédé une élaboration collective supportable de la régulation ;
- que se soit manifesté un accroissement de la satisfaction.

Or, si des indicateurs, comme les taux de suicide font défaut, celui de la fuite incessante des citoyens est bien là pour montrer qu'un tel agencement ne fonctionna pas avec notre exemple.

Bien au contraire, le desserrement de la règle ne sembla pas provoquer de mouvement positif. Il sembla plutôt miner tous les pôles de l'action et c'est pourquoi nous nous autorisons à parler d'anomie généralisée. Ce faisant, nous nous heurtons à la thèse de Jean-Daniel Reynaud pour lequel il ne peut y avoir pareille tendance anomique car il n'y a pas de système social[2]. Pour autant que l'anomie, selon cet auteur, caractérise "tout affaiblissement des règles dans un système social"[3], elle est le plus souvent circonscrite à des actions locales. En l'absence d'une non-corrélation des phénomènes - tout au plus de leur superposition - on devrait ainsi, à

---

1 Jean-Daniel REYNAUD, *Les règles du jeu, l'action collective et la régulation sociale*, Armand Colin, 1989, 306 pages.

2 *Idem*, p. 244.

3 *Idem*, pp. 242-243.

le suivre, ne conclure qu'à l'agrégat de certaines données et à l'absence des tendances générales.

Notre intention, pas plus que notre objectif, n'est de polémiquer ici pour savoir si, à partir de l'agrégat des conduites et des actions que nous pouvons analyser avec notre exemple, on peut ou non recomposer la totalité sociale. Il est certain que nous n'avons pas la prétention de rendre compte de tous les pôles de l'action comme il est probable que des contiguïtés et des superpositions, et non des séries causales, peuvent y être repérées. Cependant, nous renversons la proposition précédente pour poser que, dans notre cas est-allemand, il y a bien anomie du système social car il y a rupture des contraintes centrales, déperdition générale de chaque sphère, déséquilibre social et ouverture vers une autosuppression sociale.

Cela ne signifie nullement que la réalité en jeu ne recèle aucune positivité, mais qu'il faut tirer les conséquences entraînées par les deux remarques suivantes :

- Les anciens pôles de la régulation centrale se sont effacés (et, pour mieux dire, affaissés) sans laisser place à un autre système de règles viables et susceptibles de favoriser la cohésion sociale.
- Les pôles "oppositionnels" dont on aurait pu penser qu'ils allaient concentrer les aspirations du plus grand nombre - le cas de Solidarité en Pologne et plus près encore du Forum démocratique tchèque en ont fourni la preuve - n'ont pas répondu aux attentes.

C'est à partir de là que le concept d'anomie généralisée peut être appliqué pour peu qu'il renvoie, comme nous allons essayer de le montrer, à trois dimensions :
- l'affaiblissement des pôles de l'ancienne régulation centrale caractérisée durant l'ère Honecker par le poids extrême de deux contraintes extérieure et intérieure ;
- la perte du sentiment des références communes, l'angoisse de la disparition des repères individuels et l'illusion d'une sortie rapide de la crise menant, pour reprendre les termes de Durkheim, à une indétermination des fins ;
- l'éclatement des projets locaux et l'absence d'action collective.

1.2. La disparition d'une double contrainte

Comment essayer d'expliquer ce qui demeure le plus frappant dans la crise est-allemande : la rapidité de l'effondrement des sources du pouvoir central ? Comment ne pas insister sur la disparition des limites qui auraient pu jouer le rôle de bornes de contrôle d'un mouvement qui, pour avoir commencé avec la négation du précédent système d'ordre, s'est développé et nourri de sa propre négation ? C'est bien ainsi d'accumulation négative de différentes séries qu'il convient de parler ou d'absence de fonctionnement des systèmes internes de régulation menant ensuite - à la différence justement des autres cas de crises en Europe de l'Est - à l'impossibilité pour chaque pôle, de l'action et de la représentation, de fournir la moindre réponse positive à ce qui est venu signifier à la RDA sa propre fin : la RFA. C'est ce double mouvement d'épuisement externe et interne qui est le premier élément de réponse.

Le fait que la RDA n'ait pas de passé mérite qu'on y revienne une dernière fois. Surgie quasiment ex nihilo à compter de 1949 et en dépit de quelques bricolages idéologiques qui essayèrent dans les années 70 et 80 de lui fournir des racines allemandes[1], elle ne pouvait se maintenir qu'à trois conditions et trois seulement :

- que la cohérence du bloc ne fût jamais atteinte, car c'est elle qui se trouvait être garante de la viabilité de cet Etat socialiste : ce qui permet, en retour, de comprendre pourquoi cette même RDA ne pouvait pas ne pas être la championne de l'orthodoxie la plus stricte, elle qui contestait âprement l'URSS chaque fois que la moindre trace de réformisme idéologique menaçait de poindre[2] ;
- que sa propre cohérence interne ne se trouvât jamais en défaut : ce qui explique le soin tout particulier mis à écarter la moindre opposition dans le parti et plus largement dans la société. Cela mena, sous l'effet de contraintes variées, à la quasi-suppression de toute pensée alternative, susceptible, le moment venu, d'assurer une partie du changement ;
- que la confrontation avec la réalité tant économique que sociale de la RFA ne se réalisât en aucune manière ; ce qui explique la dissimulation généralisée de toute information susceptible de

---

1 Siegrid MEUSCHEL, "Auf der Suche "Madame l'identité" in Gert-Joachim GLAESSNER, *Die Ära Honecker*, *op. cité*.

2 Siegfrid MEUSCHEL, "Le SED : du stalinisme vers la démocratie ou vers la Nation ?", art. cité.

mener à une comparaison fiable, le maquillage des données et finalement la production d'une autoreprésentation totalement faussée.

C'est la conjugaison de la disparition de ces trois interdictions ou, si l'on préfère, le retrait simultané de ces trois contraintes centrales qui explique, en premier lieu, l'effondrement d'octobre 1989.

La défection du protecteur soviétique ne s'est pas limitée à appeler au renversement de Honecker et à son remplacement par Egon Krenz. Elle a été totale, laissant sans soutien aucun les héritiers du SED et ce ne sont pas les deux ou trois voyages accomplis à Moscou par les successeurs de Honecker qui ont modifié cette attitude. Plus encore, les accolades chaleureuses données au Chancelier ouest-allemand, l'annonce prochaine de l'écroulement des murs de la part des conseillers de Gorbatchev, et la considération, enfin, du caractère irrépressible de la réunification des peuples ont eu un effet direct : la peur du Russe ici n'a pas joué. Elle qui avait été si sensible en d'autres temps - il n'est que de se rappeler l'extrême tension de l'automne 80 ou de l'hiver 81 en Pologne - a, en RDA, tout bonnement disparu.

Mais, en retour, cela n'a pas fonctionné comme principe régulateur ou, pour reprendre le mot si juste de la sociologue Jadwiga Staniszkis, comme autolimitation[1]. La régulation interne, fondée sur la peur ou sur la croyance, trop souvent vérifiée dans les faits, de la puissance soviétique a perdu, ici, son principe de fonctionnement. Cela a laissé place à une fureur sans frein, colère blanche qui s'est déversée sur toutes les institutions, sur tous les hommes publics, sur tous les responsables du passé (même si l'on se doit d'ajouter que cela n'a mené à aucun règlement de comptes sanglant).

La légitimité historique de la RDA que pouvait représenter son antifascisme fondateur n'a pas, en second lieu, supporté le choc de la confrontation avec la réalité extérieure. En quelques semaines, ce qui avait été pendant si longtemps posé comme le fondement indubitable du "premier Etat allemand ouvrier et paysan" a été balayé; aucun des éléments de ce que l'on serait tenté d'appeler la culture politique ne servant de relais. A compter d'octobre 1989,

---

1 Jadwiga STANISZKIS, *Pologne, la révolution autolimitée*, PUF, 1982, 334 pages.

dans les entreprises, tous les éléments de l'héroïsme du travail ont été sans exception aucune, à notre connaissance, balayés. Cette fameuse émulation socialiste, dont l'élaboration et la reprise incessante occupèrent des décennies durant tout un chacun en théorie et en pratique, disparut d'un seul coup des décors des lieux de travail. En un mois, c'en était fini des héros, des banderoles, médailles, fanions, titres et engagements, de tout ce que nous avons saisi au fondement de cet ordre.

S'il y a bien eu, au début janvier 1990, une tentative de réamorcer la pompe de l'héroïsme anti-nazi avec tout son cortège de déclarations d'amitié indéfectible avec le peuple d'URSS et du maintien de la culture ouvrière, elle a fait long feu[1]. A la mi-janvier, les catégories d'antifascisme, de victoire inéluctable du socialisme, mais également la vision d'une RFA mal dénazifiée, froide, égoïste et arrogante, tout cela a disparu des discours, des écrits, des tribunes de RDA. Il aura suffi de deux phénomènes pour assister à leur retrait généralisé.

Le premier, que l'on pourrait appeler le principe de réalité, renvoie bien entendu à la RFA. L'autre Etat allemand a brillé de tous ses feux économiques, politiques et sociaux au moment même où la RDA de Honecker révélait un effondrement sans précédent de la situation économique. Si l'on ne peut conclure à la stricte causalité des phénomènes en jeu, force est d'en appeler, néanmoins, à la notion de choc déflagrateur, la ruine de la RDA révélant encore davantage la puissance de la RFA. Elle a impliqué non seulement la nécessité d'une réforme radicale, mais aussi la prise en compte du modèle ouest-allemand et, par conséquent, la mise à l'écart progressive de toute action alternative ou "3e voie". Il s'en est ensuivi alors un jeu d'ombres et de lumières où, au fur et à mesure que les données réelles étaient portées à la connaissance du public, les anciens responsables plaidaient l'ignorance, la méconnaissance, l'abus hiérarchique, le "tout est faux" des informations publiques, renvoyant ainsi l'image d'une RDA évanescente face à une RFA triomphante.

Le second principe est ainsi celui de la représentation. Semblable au prisonnier de la caverne de Platon, abusé par les illusoires images qu'il prenait pour la réalité, la RDA s'est trouvée tout soudain pétrifiée lorsque l'image de la RFA s'est projetée sur

---

1 Voir *Neues Deutschland*, 29.12.1989 et 3.1.1990 ainsi que *Tageszeitung*, 3.01.1990, l'analyse des groupes d'extrême droite.

elle. Bon nombre d'individus sont restés littéralement figés, saisis par la négation de l'ensemble de leurs représentations d'antan. A côté de ceux qui sont partis vers les cieux plus propices, selon eux, de la RFA, ils ont été des milliers à rester incapables d'opposer la moindre résistance à l'OPA lancée par la RFA. C'est cette seconde face de l'anomie généralisée, sous l'aspect de l'épuisement moral qu'il convient d'analyser pour comprendre qu'à côté de l'effondrement des pôles de l'ancienne structure de pouvoir, il n'y a pas eu de reformulation positive de l'action commune.

L'accumulation négative s'est ainsi produite à partir du retrait des anciennes contraintes centrales, de la disparition des limites psychologiques, de l'absence de réactions sociales et de la toute-puissance d'une issue économique et sociale. Cela a provoqué un mouvement massif de fuite et d'apathie, ce qui, du point de vue de l'intensité et de l'orientation des réactions, n'est pas fondamentalement opposé.

II. REALITES ET REPRESENTATIONS

L'anomie renvoie, nous l'avons dit, au versant institutionnel de la configuration sociale ainsi qu'à celui des comportements. Dans notre cas est-allemand, le premier s'est caractérisé par la répétition d'un phénomène qui a contribué à l'accélération de la dérégulation : à chaque fois quasiment que les institutions ont pu manifester une quelconque originalité en comparaison des autres crises du système de type soviétique, les aspects négatifs l'ont emporté, interdisant toute action positive.

2.1. La crise des institutions

L'examen des trois pôles jusqu'au mois de mars 1990 - l'économique, le politique et le social - révèle nombre de défaillances propres à une société de type soviétique en crise. Mais plus encore, ce sont les différences par rapport à ces séries connues qui spécifient notre exemple.

2.1.1. L'économique.

L'objectif n'est pas de rappeler ici ce que certaines analyses - notamment de RFA - ont excellement montré quant à la profondeur de la crise[1]. Deux points méritent d'être rappelés :

- Le premier souligne l'enchaînement des phénomènes négatifs au niveau de la croissance, des salaires et de l'épargne, générateur de la spirale inflationniste. Le mois d'octobre 1989 a montré un infléchissement des indices de la production. Celui de la croissance nationale s'est établi en 1989 à 2% (le plan l'avait fixé à 4%) après avoir été de 3%, 4% l'an les trois années précédentes. Au mois de février 1990, la production était, en volume, inférieure de 2% par rapport au mois précédent, lui-même inférieur de 5% par rapport à 1988. Plus encore, les travaux de la Commission du Conseil des ministres[2] ont révélé, en février 1990, qu'à côté d'une dette sous-évaluée de près de dix milliards de Marks, l'usure du capital fixe (matériel + installations) serait passée de 47% en 1975 à 53,8% en 1988, ces chiffres s'élevant pour les secteurs de la construction de 49% à 67%. Les salaires auraient augmenté de 1986 à 1989 de 4,3%, et les revenus indirects de 6%[3], menant ainsi à une croissance de l'épargne de 6,4% l'an. Or, sur beaucoup de ces points, un tel constat n'est guère différent de celui qu'on pouvait tirer de la situation polonaise en 1988. La chute des indices de croissance, l'usure du matériel, la progression de l'épargne et celle

1 Voir *D.I.W. Wochenbericht* 6/1990, pp. 675. Du même institut berlinois et sous la direction de Doris CORNELSEN, *DDR Wirtschaft im Umbruch*, 1990, 97 pages.
2 *Neue Zeit*, 23.02.1990.
3 *Neue Zeit*, idem. Egalement *Frankfurter Allgemeine Zeitung*, 3.01.1990.

des salaires sont des phénomènes connus en ces pays pour avoir enclenché ceux de l'inflation dans les années 84-88[1].

- Le second élément, en revanche, est original mais ne constitue pas un avantage pour la RDA : il s'agit des incessants départs des citoyens de ce pays qui manifestent de la sorte un rejet total non seulement de ce qui caractérise l'ère Honecker, mais de toute solution substitutive. En 1989, cela aura concerné 344 000 individus dont 220 000 travailleurs (soit 2,4% de la force de travail)[2]. En janvier 1990, ce chiffre s'est élevé à 58 000 pour dépasser les 150 000 à la mi-mars. Or, cela a eu un impact considérable non seulement sur les indicateurs globaux, mais sur le moral de ceux qui sont demeurés en place, aucune issue possible ne pouvant, à terme, se dessiner si la substance même de ce pays continuait de l'abandonner[3].

2.1.2. Le politique.

Il n'est guère difficile de distinguer nombre de traits de crise propres au système de type soviétique à côté de deux phénomènes originaux.

Au titre des premiers, on relèvera d'abord la crise numérique qui n'est pas sans rappeler, hors la rapidité, celle qui a affecté le POUP d'août 80 à décembre 81 et ultérieurement[4]. En RDA, le SED comptait 2,1 millions de membres en octobre 1989, 1,4 million en décembre, 1,1 million au 15 janvier 1990, 650 000 un mois plus tard. Cette chute s'est opérée en dépit du renouvellement complet des élites dirigeantes et de la tenue d'un

---

1 A cet égard, on notera que le revenu national de 100% en 1978 était de 92,8% après avoir été de 81,1% en 1983. En ce qui concerne la production par habitant pour la même année de référence, elle était 10 ans plus tard de 93,2% et le niveau des investissements de 74,8%. Voir le Rocznik Statistyczny 1987, pp. 87 et 186. Voir également, Piotr PISZ, Wolfgang QUAISSER, "Polens Wirtschaft zwischen Krise und Reform", in *Aus Politik und Zeitgeschichte*, 1988, pp. 49-61.

2 Doris CORNELSEN, "L'économie de la RDA durant l'ère Honecker", in *Revue d'Etudes Comparatives Est-Ouest*, art. cité.

3 C'est la fuite incessante des citoyens de RDA qui constitue d'ailleurs l'une des causes de l'offre d'union monétaire avec la RFA.

4 L'on est passé avec le POUP d'une organisation comptant 3,1 millions de membres en août 1980, à 2,7 millions en décembre 1981, 2 340 000 fin 1982, 2 186 000 fin 1983, soit une chute en trois ans de 950 000 membres.

congrès extraordinaire[1]. Ce qui pouvait apparaître comme neuf, à savoir la nomination d'un inconnu, jeune et non dépourvu de talent et de charme, n'a pas suffi à enrayer la chute numérique parmi toutes les catégories socio-professionnelles et singulièrement parmi les intellectuels qui ont abandonné massivement le SED. Le déficit a été général, tant au niveau du crédit des hommes du SED, du programme que de l'action engagée et ceci a correspondu à ce qui s'est déroulé au même moment dans le bloc.

Ce qui, en revanche, a surpris, c'est là aussi la rapidité du processus qui ne semble pas avoir ailleurs d'équivalent. Cette rapidité a joué au niveau des effectifs mais également à celui de la décision de mettre fin au rôle dirigeant du parti communiste. Ceci a ouvert la voie à une recomposition totale de l'échiquier en voie de formation, ses anciens partenaires de la coalition ne retrouvant leur autonomie que pour mieux fondre - à l'exception du parti paysan - dans les bras de leurs homologues de RFA. La dénonciation de leur ancien maître protecteur et dirigeant a, un temps durant, occupé plus de place dans leur activité que la claire affirmation de leur identité propre, que leurs partenaires ouest-allemands de la CDU, CSU et FDP n'ont guère favorisée par ailleurs.

Le second aspect original est bien la faible différenciation des partis de droite est-allemands sur laquelle nous ne nous étendrons pas. Le troisième, pour le coup unique dans le bloc, renvoie à la permanence de plusieurs partis se recommandant de l'idéologie marxiste, fussent-ils groupusculaires. On peut s'interroger sur les fondements de leurs prétentions à se vouloir anticapitalistes et l'on a pu subodorer une large obsolescence des images qu'ils véhiculaient. Elle n'en révèla pas moins la permanence d'un fort courant qui se voulait le vecteur d'une identité de la RDA dont les deux dimensions étaient le socialisme, c'est-à-dire le refus de l'exploitation de l'homme par l'initiative privée et la radicale différence d'avec la RFA, toujours imaginée peu ou prou comme

---

1 Voir notre article, "Crise et dérégulation centrale : vers l'identité est-allemande ?" in *Revue d'Etudes Comparatives Est-Ouest*, vol. 20, 1989, pp. 147-163.

mal dénazifiée. Mais les conceptions économiques sont restées très confuses et fort peu à même de mobiliser les citoyens de RDA. Une fois encore, il semble que l'on ait assisté avec ces groupes à la répétition de différences, qui ont si souvent obéré la politique en ce pays, entre les intellectuels d'un côté et d'autres catégories socio-professionnelles de l'autre[1].

2.1.3. Le social.

On n'aura pas de mal, sur ce point également, à montrer la forte parenté de la crise syndicale au sein de la FDGB avec celle qui se déroula dans les années 70 pour son homologue polonaise CRZZ puis, plus tard, pour OPZZ : crise de confiance à l'encontre des appareils dirigeants et retrait de ces derniers, mise en cause du fonctionnement interne et dénonciation des mauvaises conditions de travail, exigences en matière de repos, de salaires, de qualifications, notre exemple est-allemand a, sur tous ces axes de l'action revendicative, déroulé toutes les étapes antérieurement analysées. On n'aurait ainsi guère de difficultés à rapprocher les revendications polonaises et allemandes d'autonomie vis-à-vis du parti communiste, leur promesse de se démocratiser puis leur crainte devant des conseils ouvriers perçus avant tout comme des concurrents, la montée en puissance de ces conseils et la marginalisation des organisations sociales, cantonnées dans des fonctions d'assistance et, finalement, leur mise à l'écart des processus de réforme. A cet égard, on peut, sans grand risque d'erreur, pronostiquer l'adoption par les syndicats de la FDGB, et à l'instar de leurs homologues de OPZZ, de positions corporatistes (et finalement réactionnaires) en face de mesures économiques qui ne manqueront pas de mettre en cause nombre d'avantages acquis, de privilèges indus, de positions confortables ou, pour le moins,

1 Les électeurs l'ont massivement signifié en n'accordant que 5% à peine aux groupes.

incompatibles avec une économie soucieuse de ses moyens[1]. Tout cela est connu même si une analyse ultérieure devrait s'attacher à révéler toute la finesse des processus en cours et peut-être conclure sur certains points à des différences de fond entre les deux cas. Plus importantes sont, à nos yeux, les trois différences suivantes :

- La première concerne l'absence d'alternative syndicale dans les entreprises : aucune organisation ni locale ni générale n'a, à ce niveau, vu le jour.de façon durable Quelques tentatives ont bien été tentées[2]. Elles se sont soldées par un échec même si l'on doit souligner la constitution de syndicats non affiliés à la FDGB, dans les secteurs non productifs principalement. Ces syndicats indépendants sont exclusivement le lot des bureaux de projet ou des départements de recherche et se composent d'individus diplômés du supérieur, essentiellement. En fait, la perte d'environ un million de membres ne s'est pas traduite pour la FDGB, par l'émergence d'une organisation concurrente. Les réflexes d'unité syndicale dans l'entreprise et l'affiliation à la confédération semblent avoir été plus forts. Quand la FDGB s'est suspendue en mai 90, il n'y a pas eu non plus reflux des adhésions.

- Doit-on également référer à la tradition allemande ce qui a trait à la grève ? Après avoir fait l'objet d'un rejet massif des

1 Pour aussi paradoxal que cela paraisse, les syndicats ont, en certaines circonstances, joué contre la réforme en jouant la défense des intérêts des travailleurs. Telle fut la logique de leur action lors de la négociation des accords de branche en 1987-1988 ou lors des négociations collectives. Les organisations sociales ont cherché à laisser aux niveaux des branches et non des entreprises le plus grand nombre de prérogatives comme le pouvoir de fixer les minima et les maxima en matière d'échelons de base ou en cas d'attribution de certaines primes. De ce fait, ces syndicats affichaient leurs préférences pour un système centralement régulé, fonctionnant administrativement par la priorité conférée à la branche professionnelle et non comme plusieurs conseils ouvriers le défendaient alors, pour un système partiellement décentralisé, laissant aux entreprises le soin de signer des accords propres. Le processus de réforme a montré, sur ce point, une surprenante inversion des rôles, des stratégies et des alliances : les plus fidèles soutiens de l'autorité en place n'étant pas les meilleurs alliés en matière économique tandis que ceux qui étaient les plus susceptibles de s'opposer à l'autorité du POUP se sont avérés les meilleurs vecteurs des nouvelles règles. Sur ce chapitre des relations professionnelles dans la Pologne des années 1985-1989, voir les travaux des sociologues : A. RYCHARD, L. KOLARSKA et alli, *Studia Socjologyczne*, 1987/1, 1987/2, 1987/3 (en polonais).

2 Ce fut, notamment, le cas d'une entreprise de Treptow à Berlin-Est.

travailleurs au tout début[1], l'idée a fait son chemin que la grève pouvait être un moyen de pression efficace en face de directions d'entreprise ou d'administrations rétives au changement. De Renouveau démocratique (situé à droite sur l'échiquier politique) à Nouveau Forum, elle a été progressivement acceptée. Sous la pression des grèves sauvages de janvier 1990, puis à la faveur de nombreuses discussions au sein même de la FDGB, l'organisation centrale a fait sienne la revendication de ce doit, mais en en limitant l'usage à des cas extrêmes, lorsque toute autre procédure de conciliation aura été épuisée. Sur ce point également, il n'y a pas eu de discordance entre les différents groupes ou partis politiques. La menace agitée par la FDGB de faire grève au cas où le Parlement ne voterait pas avant fin février 1990 une loi syndicale a paru d'autant plus incongrue, ses difficultés financières étant, de surcroît, connues de tous. Sur ce point précis, la FDGB était très éloignée de OPZZ. Mais un point, quoi qu'il en soit, a différencié les deux organisations : de nombreuses fédérations de la FDGB étaient prêtes à céder aux sirènes ouest-allemandes, conformes en cela aux aspirations du plus grand nombre de leurs militants qui espéraient ainsi atteindre le plus rapidement possible le niveau de vie de leurs compatriotes de l'Ouest. Sous cet angle-là, la grève a été jugée négativement. L'unification des politiques sociales ne pouvait qu'accélérer ce processus de rapprochement. L'autosuppression, en mai 90, de la FDGB comme confédération en est un signe de plus.

- Troisième trait distinctif : aucun leader n'a surgi, à l'instar de Lech Walesa, en tant que figure charismatique susceptible de mobiliser sous son nom toutes les catégories de travailleurs. Bien au contraire, les dénonciations en rafale de tous les responsables de la FDGB[2] ont abouti au rejet de toute personnalité émergeant peu ou prou lors de la préparation du Congrès extraordinaire en février 1990. A l'issue de ce congrès, une inconnue a été élue qu'aucun trait n'a permis de distinguer et de faire émerger de l'anonymat dont ce congrès l'a sortie. En ce sens, l'absence de caractéristiques

1 Notons l'exception constituée par le groupe de Karl Marx-Stadt qui a appelé à la grève contre ceux qui freinaient dans les administrations et les entreprises le processus de réforme. Il s'attira, de cette façon, les critiques conjuguées de la FDGB et de Nouveau Forum.

2 La première vague toucha les anciens responsables menés par Harry Tisch ; la seconde concerna ceux qui les remplacèrent avec à leur tête Annelore Kümmel qui tomba, accusée de malversations. Une commission provisoire fut ensuite désignée pour préparer le Congrès extraordinaire prévu pour le début février 1990. A son issue, un seul responsable de cette commission devait retrouver un poste d'adjoint, les autres disparaissant de la scène.

personnelles, et l'on serait tenté de parler d'aspérités subjectives susceptibles d'attirer l'attention, semblait plutôt un gage de succès pour des adhérents plus attirés par l'absence de possibles corruptions que par des personnalités marquantes ou autoritaires.

Aucune institution ni politique ni économique ni sociale n'est ainsi venue administrer la preuve qu'un projet collectif propre à la RDA était viable. Toutes ont témoigné d'un profond épuisement, les divers renouvellements organisationnels internes ne parvenant à masquer ni l'irrémédiable chute des effectifs ni l'absence de dynamisme propre. En ce sens, la crise d'octobre 1989 a marqué la limite d'un type de fonctionnement économique, politique et social sans laisser place à une énergie créatrice.

Ceci contribue, en partie, à expliquer le large état de dépression de nombreux individus. En partie, également, cela renvoie à l'immense pouvoir d'attraction dont a joui le modèle de développement ouest-allemand, accusant encore davantage l'incurie est-allemande, et ces deux phénomènes conjugués ont mené à l'obsolescence des représentations antérieures.

2.2. Les ressorts de l'angoisse

Si l'on reprend une nouvelle fois le contenu du concept durkheimien, force est d'insister sur la dimension fondamentale de la non-limitation des désirs ou de l'indétermination des fins que l'auteur du Suicide a élaborée pour éclairer les dérèglements individuels. Dans notre cas précis, cette dimension a joué d'une manière originale et ce, de deux manières. En privilégiant, d'abord des représentations qui faisaient justement l'objet même d'un refus de la part du coeur du système ; ensuite, en mettant en avant des images illusoires d'une sortie rapide de la crise, provoquant, en retour, un accroissement des déséquilibres.

Le phénomène de l'angoisse est une donnée de base de la situation est-allemande. D'emblée, Barbel Bohley, co-fondatrice de Nouveau Forum, devait donner le ton d'un sentiment que les événements ultérieurs n'ont cessé d'alimenter lorsqu'elle déclara, sitôt le mur de Berlin percé : "D'un seul coup, le mur derrière lequel j'ai vécu toute ma vie s'écroule. Cela me pétrifie car j'ai compris que toute ma vie j'avais été un objet... Beaucoup de gens pourraient danser autour du Mur déchu. Moi, pas"[1].

A plusieurs reprises, cette dimension s'est substituée à l'ancienne régulation comme très exactement le vide au trop-plein de règles ; et au caractère insupportable de la contrainte centrale a succédé le caractère non moins insupportable de l'angoisse. Or, si ce sentiment a pu apparaître si important, c'est parce qu'il a mis en jeu, selon nous, les dimensions mêmes d'une action refusée pendant quarante ans au seul motif que la victoire du socialisme étatique avait suffi à leur disparition ou du moins à celle de leurs effets négatifs. Il s'agit des phénomènes de l'argent, du nazisme, du chômage. Cette trilogie des maux propres au capitalisme malfaisant est venue heurter de plein fouet le champ de représentations collectives de la RDA.

L'argent, d'abord. La monnaie est-allemande comme moyen d'accéder à une satisfaction minimale, dans les limites de la RDA, s'est avérée incapable de résister à la situation résultant de l'ouverture des frontières, entraînant non seulement une très forte demande de devises, mais également une spéculation effrénée sur le Mark-Est. Le problème des coûts puis ceux de la convertibilité en ont renvoyé une image dévaluée et négligeable. Sitôt le mur ouvert, il s'est agi de savoir combien tout cela coûterait, les experts des deux camps avançant des chiffres plus ou moins incontrôlables mais dont le moindre renvoyait à l'incapacité pour la RDA d'assumer le changement[2]. Plus encore, l'aspect financier a dominé, comme c'est bien normal, la question de l'unité monétaire, mais pour atteindre cette fois des sommes peu compréhensibles, de l'ordre de 1500 milliards de Marks[3]. A chaque fois, l'insolvabilité de la RDA s'est trouvée posée, et avec elle, l'incapacité d'opposer la moindre résistance à cette évaluation des déficits de quarante ans de communisme[4]. Dans ces conditions, l'on a pu parler d'Anschluss

1 Barbel BOHLEY, in *Tagespiegel*, 11.1.1990

2 Voir par exemple *Die Zeit*, n° 45, 3.11.1989, "Was kostet die Freiheit ?", p. 27.

3 Voir les évaluations in *Tagespiegel*, 15.02.1990, *Die Zeit*, n° 8, 16.02.1990 parle de 1500 milliards de Marks soit 500 milliards de DM pour la modernisation de l'industrie, 200 milliards pour la protection de l'environnement, autant pour les transports et pour l'énergie, enfin 100 milliards pour le téléphone, autant pour les voies ferrées et 100 autres pour les routes. Personne, à vrai dire, n'est en mesure d'évaluer les coûts réels.

4 Ce sera la DIW qui le fera principalement. Il est à noter que trois chercheurs de RDA ont participé aux discussions du rapport, note 11.

de la RDA par la RFA, avec toutes les connotations historiques que ce terme pouvait véhiculer. Il n'est pas jusqu'au problème de la propriété foncière qui n'ait resurgi, soulevant cette fois des problèmes juridiques considérables. Les anciens détenteurs de biens en RDA, qui avaient dû les abandonner sous la pression de divers événements, sont en effet venus en grand nombre les réclamer au prix fort[1]. Là encore, l'angoisse d'une dépossession a surgi pour nombre de citoyens qui avaient reçu de l'Etat de RDA des terres indûment expropriées. Cela a fait monter la tension sociale, dans le courant février-mars, d'une manière très sensible.

Le nazisme, ensuite. A la fin décembre 1989/mi-janvier 1990, le spectre du nazisme est venu une dernière fois hanter le discours officiel. Après une série d'informations sur l'importance et les différenciations internes des groupuscules extrémistes et la nature de leurs exactions à l'encontre des personnes et des biens - principalement des synagogues et des monuments dédiés à l'Union soviétique - une large manifestation, à l'appel du SED-PDS, devait réunir près de 250 000 manifestants. Or, ce fut le chant du cygne de cette pseudo-légitimation, le gouvernement Modrow venant de reconnaître, un mois plus tard, l'entière responsabilité historique des citoyens de l'actuelle RDA dans l'histoire du génocide juif. En d'autres termes, c'est le fondement même de l'Etat de RDA qui s'est ici dérobé dans l'autosuppression de la représentation du néant fondateur et ce qui est resté, une nouvelle fois, c'est l'angoisse du vide trop réel.

Le chômage, enfin. Avec le chômage, dont la possibilité puis la réalité se sont imposées avec l'idée même de la réforme économique[2], deux sortes de peurs ont été réactualisées. La première a renvoyé à tout le cortège des misères propres aux périodes (de crise ou non) du capitalisme allemand ou mondial, images dont les précédents régimes de RDA avaient très largement abusé. La seconde a renvoyé à une issue déterminée de la crise dans un pays voisin, la Pologne. Ce pays, depuis dix ans qu'il est entré dans une crise continue, a toujours fonctionné comme une limite pour le voisin est-allemand. Pour bon nombre d'Allemands, et pas seulement de l'intelligentsia, la Pologne représentait le signe même de l'échec de toute tentative de démocratisation du système dans la

---

1 Voir notre article in *Le Monde Diplomatique*, avril 1990, "Pertes d'emplois, menaces sur le logement", pp. 16-17.

2 Voir François BAFOIL, Klaus GREHN, "La montée du chômage en RDA", la *Revue française des Affaires sociales*, 1990/1.

mesure où les gains en matière de libertés individuelles étaient annulés par les troubles économiques. A la peur que pouvait susciter le modèle polonais au sein des élites dirigeantes de la RDA, a toujours correspondu l'inquiétude, parmi de nombreux citoyens de RDA, de la dégradation de leur niveau de vie. Sur ce point, un consensus existait bien entre eux. Avec la crise ouverte en ce pays et les menaces de centaines de milliers de chômeurs, elle s'est transformée en angoisse que la RDA ne suive le même chemin[1].

Argent, nazisme, chômage, trois pans que le précédent régime avait su habilement lier dans le refus de la modernité et, en somme, de tout ce qui pouvait rapprocher la RDA de son histoire allemande et lui permettre d'apparaître différente, îlot de sécurité et d'intégrité dans un monde corrompu par les tares du capitalisme. C'est cette représentation idyllique et la révélation des abus et méfaits de ses gouvernants d'abord, puis le poids de l'alternative représentée par la RFA que chacun a pu évaluer, ensuite, qui ont fait éclater l'image de la RDA, laissant sans voix aucune hommes et institutions. L'angoisse s'est ainsi nourrie et de l'épuisement de représentations propres et du trop plein de réalité de la RFA.

Est-ce à dire qu'aucun autre pôle n'est venu opposer le moindre élément de positivité ? Faut-il admettre qu'aucun groupe, aucune instance de décision n'a été en mesure d'articuler une stratégie de "défense offensive"? L'affirmer serait exagéré, tant il est vrai que de nombreux individus ont milité dans des associations au crédit desquelles il convient de mettre non seulement le démantèlement de la police secrète mais également bon nombre d'actions locales[2]. Or, le problème n'est pas de dresser l'inventaire de ces actions, ce qui en l'occurrence est rigoureusement impossible[3] mais d'évaluer plutôt la capacité de réponse sociale collective face à deux questions qui se sont posées très brutalement :

---

1 Les évaluations vont de 1,5 million à 2,4 millions, voir *Neues Deutschland*, 15.02.1990, *Die Zeit*, n° 12, 16.03.1990, p. 3.

2 Ainsi un mouvement comme Démocratie Maintenant s'est-il attaché dès le début à réélaborer les livres d'histoire, à établir de meilleures relations entre parents, corps enseignant et élèves, entre administrés et organisations publiques, etc.

3 *Nouvelle de ADN*, 10.3.1990.

la première a concerné la viabilité de la RDA ; la seconde, les modalités de la transformation sociale et technique selon un autre type de développement. Sur ces deux points, aucun groupe n'a été en mesure d'apporter concrètement une réponse susceptible de mobiliser la majorité des individus[1].

III. ESQUISSE DE L'ECHEC D'UN MOUVEMENT SOCIAL : LE CAS DE NOUVEAU FORUM

Pourquoi le projet de Nouveau Forum n'a-t-il pas ouvert sur une action d'envergure alors même qu'il s'était doté, dès le début du mois d'octobre 1989, d'un programme précis et qu'un mois plus tard il pouvait avancer le chiffre de 200 000 militants ? Pourquoi s'est-il trouvé dans l'incapacité d'avancer un projet global, capable de pallier la vacance du pouvoir central ? En quoi, enfin, ce mouvement est-il exemplaire d'une incapacité des groupes est-allemands à présenter un front collectif uni ? Ceci soulève la question non seulement de l'efficacité interne d'une organisation, mais de la validité de son projet.

---

1 Sur les groupes d'opposition en RDA, voir :
- Hubertus KNABE, "Neue soziale Bewegungen im Sozialismus", in *Kölner Zeitschrift für Soziologie und Sozialpsychologie* 40 (1988), 3.
- *Ibid.*, "Politische Opposition in der DDR, in Aus Politik und Zeitgeschichte", B 1-2/90.
- Jan WIEGOTH/Marianne SCHULZ, "Reformbewegung und Volksbewegung (politische und soziale Aspekte im Umbruch der DDR-Gesellschaft)" in *Aus Politik und Zeitgeschichte* B 16-17/90.

3.1. Projet et organisation

La clarté des objectifs contenus dans le projet initial de Nouveau Forum est apparue comme le gage même de la possibilité d'une action alternative[1]. A cet égard, la volonté de parler vrai et celle d'écarter les mensonges du précédent régime en poursuivant des objectifs politiques et économiques au service des citoyens[2] n'a pas été sans rappeler les ambitions de création d'une république autogérée avancées par Solidarité à l'automne 81. Sans aucun doute, le programme de Nouveau Forum s'est situé dans la lignée de ce type de textes dans la mesure où, à l'image du programme fondateur polonais, deux axes ont été privilégiés :

- le refus du mensonge s'est caractérisé par la dénonciation inlassable des vices de l'ère Honecker, qu'il s'agisse de la police secrète essentiellement, mais également de la totalité des pouvoirs publics, administrations, ministères, organisations politiques, de masse, etc. Ce refus, indissociable de celui de l'aliénation et de la soumission politique, s'est nourri de la volonté de promouvoir une société où tous les hommes seraient enfin des citoyens adultes et où les lois seraient l'expression de la volonté générale[3].

- Le "catalogue public des problèmes"[4] après avoir pris acte de l'état de ruine des relations civiques et de la négociation collective a dressé en trois chapitres (écologie et économie ; culture, formation et sciences ; Droit et Etat) les conditions d'une action véritablement démocratique. Celle-ci devrait être symbolisée par le respect des individus et de l'environnement, l'autonomie des sources des pouvoirs, la fin du système de censure et de sécurité policière, l'instauration de règles économiques assurant l'harmonie entre les responsabilités collectives et l'initiative privée.

---

1 Voir le numéro spécial de *Tageszeitung*, August bis Dezember 1989, 176 pages, pp. 11 et sq.

2 "Ce n'est pas seulement la crise de notre société qui nous est devenue insupportable; il est injustifiable de refuser la discussion publique des conditions de notre vie sociale", *Idem*.

3 "Les lois doivent être les formes générales exprimant l'accord démocratique passé entre des citoyens majeurs", *Idem*.

4 Voir le catalogue des problèmes, *Frankfurter Allgemeine Zeitung*, 9.10.1989, p. 4.

Les 17 thèses sur l'économie[1] devaient à la fin du mois de décembre 89 approfondir ce dernier point en soulignant notamment la nécessité d'instaurer les conditions d'un marché concurrentiel (Thèse 9). Pour les auteurs de ces thèses, la structure de l'organisation économique centralisée caractéristique de l'ère Honecker ("die Kommandowirtschaft") devait être en partie démantelée pour que puissent jouer les règles du libre jeu des échanges. L'initiative privée, garantie dans les unités de production employant moins de 300 travailleurs, devait surtout concerner les secteurs des services, du commerce et de l'artisanat. Quant au secteur public, il devait assumer la direction des branches de l'énergie, des transports, de la santé, de la défense et de l'éducation. Reconnaissant la nécessité de nouvelles formes d'association, ce programme préconisait, dans sa première thèse, un éventuel partage entre l'Etat qui pourrait conserver 51% des parts, les 49% restants étant répartis entre les travailleurs, les clients privés ou d'autres entités juridiquement reconnues.

Quant au principe d'organisation, il devait également témoigner du renouveau de l'action collective en faisant de la démocratie le maître mot des échanges inter-individuels. Pour cela, trois niveaux ont été mis en valeur : le premier a été constitué par l'habitation et le quartier. Il a constitué l'élément de base à partir duquel s'est élaboré un système de représentation double avec la région d'abord représentée par un porte-parole et la strate nationale, ensuite, représentée par la réunion des porte-parole régionaux.

Il est indubitable que l'influence de Nouveau Forum a été considérable et l'on n'aura guère de peine à retrouver, dans plusieurs actes ou positions officielles d'avant le 18 mars 1990, un écho de ses préoccupations. Ainsi en alla-t-il par exemple pour la loi sur les *joint venture* qui laissait, sauf exception, au partenaire est-allemand 51% des parts du capital, ou encore, pour celle traitant des conseils de surveillance dans les entreprises en matière de cogestion[2], voire même dans le style de la concertation collective, adoptée par d'autres groupes. En dépit de cette prééminence notoire, Nouveau Forum n'a pas pu développer un mode d'action efficace et quels qu'aient été sa "légitimité" oppositionnelle historique et son potentiel militant, son développement a décliné pour atteindre un score infime en mars, inférieur à 5%.

---

1 *Thesen zur Wirtschaftsreform, wirtschaftliche Umgestaltung der DDR, Vorschlag zur Diskussion*, Berlin, 21.11.1989.
2 *Die Wirtschaft*, 1990/2, p. 14.

3.2. Les limites d'une organisation

Trois éléments d'explication peuvent être avancés pour éclairer les incapacités de Nouveau Forum à répondre à la situation nouvelle résultant de l'ouverture des frontières et, finalement, sa mise à l'écart du processus de décision. Ils renvoient aux limites internes de l'organisation et du projet de ce mouvement.

Première limite, l'organisation. En se voulant radicalement démocratique, Nouveau Forum s'est interdit d'être efficace du point de vue du gain politique. En se refusant de recourir à tout ce qui, de près ou de loin, pouvait rappeler ce qu'il avait tant combattu chez son adversaire communiste, il s'est condamné à la paralysie : ainsi le centralisme des décisions, l'autorité du sommet ou encore le respect de l'ordre supérieur au fondement de la discipline interne de toute organisation ont-ils été écartés au motif que c'est cela justement qui avait mené à la catastrophe et à l'aliénation. Or, une telle attitude défensive, aussi fondée en morale qu'elle puisse apparaître, a entraîné trois conséquences néfastes pour le mouvement tout entier :

- Les crises, tout d'abord, furent nombreuses entre les divers échelons de l'organisation, dès lors que le principe démocratique était menacé (ou supposé l'être) par l'immixtion, par exemple, de demandes d'ordre varié en provenance des échelons supérieurs. La sociologue de l'Académie des sciences, Marianne Schultz, a bien rendu compte de l'existence de ces "froissements" ressentis par certains échelons de base, très sensibles à tout ce qui était susceptible de les dominer, de les contrôler ou simplement de les conseiller[1].

Le meilleur exemple en a été fourni lors d'une séance houleuse de Nouveau Forum où la confiance fut retirée aux deux porte-parole du mouvement auprès de la table ronde, au motif qu'ils ne s'étaient pas enquis suffisamment des souhaits de la base. A cette date, la rupture était consommée entre plusieurs fractions et la

---

1 "Après 40 ans de pensée infantilisée, il est nécessaire que nous ne déléguions pas plus longtemps notre responsabilité à des partis mais que nous formions nous-mêmes la politique. La démocratie de base, ce n'est pas qu'un discours général mais avant tout l'élaboration commune des solutions politiques et des actions collectives", Grundsatzpapier 16.12.1989 in Marianne SCHULZ, *Neues Forum - Neue Hoffnung - Neue Harmonie. Eine Bürgerbewegung der DDR in der Zerreissprobe*, janvier 1990.

scission souhaitée, notamment par Barbel Bohley et Jens Reich, les deux fondateurs du mouvement, ne fut évitée que de justesse.

Enfin, la volonté manifestée par une forte minorité, en provenance de Karl Marx-Stadt principalement, de transformer le mouvement en une organisation politique fut écartée, la majorité estimant qu'il convenait de demeurer un lieu d'idées, de propositions et d'initiatives critiques et non une organisation centralisée. Il est à noter que la minorité quitta Nouveau Forum pour créer un parti, le Parti du Forum Démocratique, qui devait bientôt faire alliance avec les partis de droite pour créer ensemble la coalition conservatrice, l'Alliance pour l'Allemagne. La position du refus de se transformer en une organisation politique en sortit renforcée dans le mouvement.

- Le second élément tient au vague du projet, une fois la lutte contre les organes de sécurité gagnée et les propositions économiques avancées. Sur ce dernier point, il ne s'agit pas de prétendre à leur échec en considérant seulement l'évolution ultérieure de la situation économique, surtout à compter de la mi-janvier 1990. Là-dessus, la cacophonie des économistes (les uns plaidant pour une union monétaire immédiate, les autres soulignant le danger d'une telle opération à froid), amplifiée par l'accélération recherchée par les politiciens préoccupés de régler prestement l'avenir de la RDA, n'a pas permis que se dégage un consensus sur la voie à suivre. Dans ces conditions, il serait abusif de reprocher à Nouveau Forum un quelconque décalage par rapport à l'urgence de certaines questions.

Le problème concerne plutôt l'intention ou, si l'on préfère, la finalité du projet. A cet égard, la volonté de promouvoir "la pensée du XXIe siècle", selon les termes mêmes de Jens Reich, peut paraître ambiguë : "Nous ne voulons pas - affirmait-il en janvier 1990 - rattraper politiquement le XXe siècle, pas plus copier l'image de la RFA ; au contraire, nous voulons développer la culture politique du XXIe siècle"[1]. Or, que peut signifier concrètement un tel appel sinon le maintien de la compréhension de cette démocratie de base - ce dont personne ne contestera la valeur, verbalement du moins - dont le strict respect mène à l'opposé de l'action efficace. Jens Reich, d'ailleurs le reconnaissait partiellement quand il soulignait que les problèmes formels d'équilibre rigoureux des opinions et des courants avaient quelque peu entravé l'action du mouvement et l'énoncé clair d'une ligne à suivre.

---

1 *Idem*, p. 7.

- Le dernier élément de réponse dérive des deux limites à l'instant mentionnées. Il renvoie à l'incertitude du profil politique de Nouveau Forum : la volonté affichée de demeurer un mouvement et non un parti a permis à une organisation politique d'occuper justement tout le terrain laissé vacant. Il s'agit en l'occurrence du SPD. Cela a mené à une certaine indistinction des positions en matière de projet social et l'alliance passée avec le groupe Démocratie Maintenant en a été la conséquence logique, peu de différence séparant finalement ces deux mouvements. Ainsi, de clairement positionné à l'origine, Nouveau Forum ne s'est pas nettement distingué d'autres mouvements. Enfin, n'ayant pas écarté l'hypothèse d'un compromis politique avec le SPD, il risque d'être amené nécessairement, dans ce cadre, à des positions de compromis fort peu compatibles avec la volonté initiale de pureté du mouvement.

En tout état de cause, le cantonnement de ce mouvement sur des positions moralement compréhensibles mais partiellement inadéquates sous l'angle de la gestion politique a mené à son effacement relatif. Eu égard à son importance numérique d'octobre 1989, son développement ultérieur ne permet pas de conclure à un mouvement social précis, articulant des catégories nettes. L'indétermination des fins et des principes organisationnels semble l'avoir emporté sur la cohérence initiale.

IV. CONCLUSION

Ce qui ne laisse pas encore d'étonner, dans la fin de l'ère Honecker, c'est son si rapide effondrement. On ne soulignera peut-être jamais assez quel choc produisit le contact d'une société confite d'images mythiques et de réflexes conditionnés avec la réalité ouest-allemande, sûre d'elle-même, de son modèle de développement, de son expansion, de sa puissance d'attraction. Ce qui ne manque pas de surprendre, c'est l'absence quasi totale de réponse à une offre économique, politique et sociale qui se fit jour, c'est l'effacement en quelques semaines des institutions qui avaient dominé sans partage la scène durant quarante ans, la faiblesse des catégories et des repères psychologiques et, finalement, c'est l'épuisement moral de tant de citoyens.

Or, ce qui frappe, dans le déroulement des crises en Europe de l'Est, c'est qu'elles adoptent toutes des chemins particuliers alors même que le système, dont elles prétendent s'affranchir, se caractérisait par une très forte homogénéité interne. En conclusion de ce travail sur les organisations de RDA, il importe d'essayer de souligner les différences qui séparent ce pays de son proche voisin polonais.

Notre comparaison de certains traits des crises en Pologne et en RDA se limitera à trois aspects, même si nous n'ignorons pas que pareille entreprise mériterait de plus longs développements.

- La première différence entre les deux pays renvoie à ce que l'on peut appeler l'histoire "longue", c'est-à-dire celle qui excède les limites de quarante ans de communisme. Il n'a pas été très difficile aux historiens et aux sociologues attentifs à la Pologne de montrer l'importance de l'éthos aristocratique dans la genèse des valeurs populaires. Or, rien de tel n'est décelable en RDA. Ce qui était antérieur à la victoire du communisme n'avait pas cours et il faudra attendre les années 75-76 pour assister à une revalorisation du patrimoine allemand et encore dans des limites bien précises[1]. Thomas Münzer, Martin Luther y prendront place, mais au sein d'une vision dominée par la libération des peuples en lutte. De ce fait, l'histoire collective ne pouvait pas représenter aux yeux des citoyens de la RDA le même potentiel d'action ni même le même réservoir de contestations que chez leurs voisins, pour qui l'année civile est scandée de fêtes glorifiant l'esprit national.

- La même remarque vaut pour l'histoire "courte" et par ce terme entendons la période de ces dernières quarante années. Elles ont été traversées à l'Est de l'Oder par de nombreuses contestations

---

[1] Georgi VERBEECK, "Kontinuität und Wandel in der DDR - Geschichtsbild", in *Aus Politik und Zeitgeschichte* , B11/90, 9 März 1990, pp. 30-42.

de l'ordre communiste à compter de 1956, tandis qu'en RDA seul le 17 juin 1953 pouvait figurer au rang des révoltes ouvertes. La coupure entre les différentes classes sociales était, en ce pays, profonde et le désengagement des intellectuels des rangs de toute contestation, un fait notoire[1]. Le conformisme y était plus développé, les attitudes de loyauté plus fréquentes. L'action, on l'a dit, ne pouvait guère se référer à d'autres modèles, à moins d'adopter une position résolument hostile et de risquer, comme c'était la règle, d'être rejeté vers l'Allemagne de l'Ouest et passer pour un capitulard.

Par là même, les éléments du fonctionnement social, repéré par certains sociologues polonais au fondement des attitudes sociales - pensons à la notion de dissonance cognitive[2] - étaient moins sensibles en RDA ou peut-être seulement étaient-ils vécus moins douloureusement. Selon ces analyses, un divorce profond séparait la fiction idéologique, posée par le pouvoir comme la seule réalité sociale identifiable, et la réalité vécue par les individus, totalement différente. Il s'ensuivait une double différence entre les institutions publiques et les comportements privés d'abord, entre les valeurs officielles et l'expérience vécue, ensuite. Ce "dimorphisme social" - selon les termes de E. Wnuk-Lipinski - que l'on pouvait relever jusque (et peut-être surtout) dans le langage des différents locuteurs, menait à une angoisse génératrice de différents comportements : soit rebelles et l'individu se situait résolument hors de la norme officielle avec tous les dangers que cela entraînait ; soit passifs et conformistes, le citoyen cherchant à se protéger au maximum de son environnement ; soit encore cyniques, le cynisme étant la version agressive du conformisme. Dans tous les cas de figure, il s'agissait de dissimuler ses véritables sentiments et ses pensées, soit dans le rejet soit dans la servilité.

Semblable divorce existait en RDA, on l'a dit, mais la différence réside dans la profondeur de ce fossé, moindre selon nous en ce pays. L'absence d'un passé reconnu comme tel, l'inexistence d'aiguillons (sous la forme de valeurs que pouvait propager l'Eglise catholique polonaise) diminuaient cette angoisse potentielle en RDA et semblent plutôt avoir été de nature à conforter

1 Voir Siegrid MEUSCHEL, "Le SED : vers la démocratie ou vers la Nation ?", art. cité.

2 Voir en français, *La Pologne en temps de crise* (W. ADAMSKI, W. PANKOW, A. RYCHARD, R. SAINSAULIEU), ed. Méridiens Klincksiek, 1988 (les pages 211-223).

En anglais, *Sysiphus Soziological Studies*, vol. V, "Poland in the 1980s (Reassesment of crisis and conflict)", 1989, 282 p.

les comportements conformistes. Le retrait des sphères de l'action publique y était répandu et l'adhésion aux valeurs officielles assurément pas aussi profonde que l'idéologie se plaisait à le répéter. Mais trois facteurs jouaient pour que cela ne prît pas les aspects d'une opposition ouverte, à côté de l'absence de référence historique :

- le poids du collectif qui se fondait dans la répétition des ordres écrits à tous les échelons, le contrôle scriptural de chacun par tous, ou presque ;
- la force de l'éthos du travail, la reconnaissance incessante de la répétition, la fréquence des discours, en un mot l'autocélébration constante de la réalité au travers de ses organisations, fondant ainsi la légitimité d'un ordre dans ses rites et ses pratiques collectives ;
- enfin, et il semblait qu'en RDA ce point-ci justement avait acquis force de loi, la puissance de la peur de transgresser l'ordre établi, la terreur et tout son arsenal de menaces imaginaires et réelles. Le cercle était vicieux, c'est certain, puisque tant qu'il n'était pas rompu, il était impossible à quiconque de savoir qu'il était possible de se révolter. Mais c'est en cela que résidait l'une des sources de ce pouvoir qui se voulait total : nier la possibilité, à tout prix, de toute alternative.

Or, dès qu'il a été possible de fuir sans risquer sa vie, ils furent alors des milliers à le faire, dénonçant par là même le premier trait de ce régime : le caractère insupportable de la contrainte centrale dont les autorités avaient fait la pierre angulaire de leur action.

CONCLUSION GENERALE

VERS LA MODERNISATION ?

L'échec des organisations de RDA témoigne d'abord et avant tout de l'échec d'un projet général qui ne voyait, dans l'entreprise, qu'un maillon d'un plus vaste ensemble, où les relations professionnelles pouvaient être instaurées sans considération aucune ni des milieux ni des hommes. Ceci n'aboutit qu'à la conception d'un homme délesté de toute humanité concrète, seulement chargé de devoirs vis-à-vis de la communauté, à son tour posée comme un cadre toujours plus abstrait et jamais comme le produit d'actions particulières. Les valeurs ne pouvaient être émises qu'à partir du sommet et orientées vers lui seul, pour sa gloire et sa pertinence, en aucune manière comme le fruit des expériences vécues. Pour s'assurer de leur diffusion, tout au long des organisations, un contrôle considérable était effectué tout autant par des services spécialisés que par leurs membres, tous attachés à la rédaction d'un rapport, d'un bilan, d'une promesse, honorés et récompensés par un jeu de pratiques collectives d'autocélébration ostentatoire, réservant à quelques-uns des distinctions minimes et aux chefs la plus grande part de la richesse commune.

A la source de ce fonctionnement, il y avait ainsi une consommation toujours accrue de papiers, de rapports et, partant, d'improductifs. Ce sont ces trois facteurs - divorce d'une idéologie d'avec la réalité vécue, hypercontrôle des organisations et absorption totale des ressources - qui ont mené à la fin brutale de la RDA.

Reste maintenant à savoir si le vivant peut émerger de ces ruines.

Pour y répondre, d'autres éléments doivent intervenir : au premier chef, la demande adressée à la RFA et à l'Europe occidentale de remettre à flot cette économie dévastée. Sur ce point, sauf à envisager le déclin de l'Europe de l'Ouest, le succès ne peut être qu'au rendez-vous. La question n'est pas là. Elle est plutôt de savoir si les conditions de la modernisation telle qu'elles s'appliquent aujourd'hui aux entreprises peuvent jouer dans une société, à bien des égards épuisée. En matière d'organisation, trois aspects peuvent définir cette modernisation :

- Le premier, nous le définirons comme l'exigence interne : il s'agit de la responsabilité des citoyens dans l'entreprise. La confiance doit maintenant remplacer l'ancienne habitude de travail, faite de soumission et de docilité qui avait caractérisé l'ancien système d'ordre. Si la discipline est toujours valorisée, elle se fonde désormais sur la reconnaissance des objectifs de l'organisation, posée, elle, comme l'oeuvre collective et non comme le cadre passivement subi. Ceci implique pour les dirigeants de ne plus tricher avec les résultats et d'informer tout autant les supérieurs que les partenaires de l'état réel de la situation. Pour les travailleurs, cela implique la reconnaissance des règles du jeu, le refus de la dissimulation, l'effort.

On le voit, nombre de valeurs repérées dans les anciennes organisations reprennent ici un sens radicalement neuf. Ce qui est en jeu, c'est l'émergence d'un projet social d'entreprise et non pas l'application d'un projet sociétal abstrait et froid. C'est la réalité d'un objectif commun, pas un ensemble de concepts fumeux et vides. En un mot, il s'agit d'une valeur collective locale contre une idéologie centrale et, sur ce point, rien n'autorise à penser que la transition sera difficile. Bien au contraire, les citoyens ont montré leur souci de la reconnaissance du travail et leur refus de l'idéologie verbeuse. L'ordre ne leur a jamais été étranger.

- Le second aspect peut être qualifié, par opposition, d'externe bien qu'il se pense en étroite relation avec le précédent. Il réside dans la reconnaissance de l'environnement et ceci implique, pour les dirigeants, l'obligation absolue de connaître les marchés extérieurs et de s'informer afin de pouvoir être en mesure de lutter dans un système concurrentiel. Avec la fin des monopoles, c'est le risque et l'incertitude qui deviennent des éléments de la prise de décision et la connaissance spécialisée, un impératif. Pour cela, l'orientation de l'entreprise doit être totalement différente, car un acteur prend place au premier rang des préoccupations qui, auparavant, n'entrait jamais en jeu : le client et sa contrepartie, la recherche de la qualité. Tout autant que le projet interne n'a de sens qu'orienté vers l'extérieur, le rôle du client renvoie à la cohésion interne dans l'entreprise, c'est-à-dire au partage par tous des valeurs de l'action. Là, il est certain que c'est une conversion complète qui est demandée aux travailleurs de l'entreprise est-allemande, conversion des attitudes mais également des comportements. Avec la reconnaissance du client, c'est la notion de service qui devient prioritaire, d'ouverture à la demande mais également la prise en charge du reproche éventuel contre la malfaçon, l'écoute, la réparation. Ces valeurs n'ont eu que trop peu cours en RDA.

- Or ce double échange de l'intérieur et de l'extérieur doit se fonder sur ce qui est le maître mot des relations professionnelles dans l'entreprise moderne : la négociation. Le partenariat devient la pierre angulaire qui soutient les exigences de production (l'objectif économique) et les exigences individuelles (l'objectif social). Il s'articule au sein de pratiques fondées sur la reconnaissance de l'autre et sur un système institutionnel qui ne laisse pas aux syndicats le seul soin de la représentation, mais les inclut dans des modes de participation à côté d'autres formes plus décentralisées.

La modernisation des entreprises se joue, aujourd'hui, autour des mêmes enjeux, que ce soit en RFA, au Japon ou en France, indépendamment des formes particulières que peuvent leur donner ces systèmes différenciés. Elle repose autant sur la performance des processus technologiques que sur les rapports sociaux. Or, c'est sans doute là que gît l'inconnue la plus vaste en RDA, car personne n'ignore que ni la question de l'investissement productif (c'est-à-dire la prise de décision décentralisée dans un environnement dominé par l'incertitude) ni la question sociale (c'est-à-dire le partenariat et la reconnaissance de l'importance de toutes les catégories de travailleurs) n'ont encore fait l'objet d'un véritable traitement. Plus encore, ni les syndicats tels qu'ils ont vécu le changement (on devrait écrire subi) ni les quelques unions patronales ne semblent avoir compris l'ampleur de la transformation et la nécessité du renouvellement de l'ensemble des pratiques. L'attitude vis-à-vis de la RFA est faite tout à la fois d'attentisme et de défaitisme, de frustration et d'envie. La démoralisation domine, amplifiée par les craintes d'un chômage aux effets ravageurs.

Et comment pourrait-il en aller autrement de la part d'individus contraints d'assister, avec la chute d'un régime honni, à la fin de ce qui néanmoins faisait leur quotidien ? Ce qui leur est proposé aujourd'hui ne se laisse voir que sous les formes de la rupture. Après un rythme plus que quarantenaire, où ne se pensait que la conservation, voilà que ne vaut plus seulement que l'altérité.

Tout est déclaré obsolète, les machines, les qualifications, les comportements, les croyances. Une seule culture s'impose, celle de l'entreprise. Mais l'on ne parle plus de celle que pouvait représenter par exemple le fait d'aller dans les centres de vacances collectives. La mauvaise gestion de ces centres, par les syndicats, a entraîné dans sa chute ce qui était une pratique appréciée. Sur ce point, aucune solution alternative n'a été avancée. Il en va de même pour les diverses réunions de récompense, de fêtes, où les primes étaient minimes, il est vrai, peut-être ridicules avec la remise des coupes et des vases, des fleurs ou d'un diplôme. Elles concouraient pourtant à créer une certaine communauté, à défaut d'une identité. Avec l'annonce de la fermeture de milliers d'entreprises, ce qui est sûr, c'est qu'il n'y en aura plus. L'infrastructure (ne serait-ce que régionale) accompagnant une telle mutation manque. La nouvelle culture, fondée sur le travail individuel, est aujourd'hui beaucoup trop abstraite. Les anciens travailleurs n'y ont plus place. Les anciennes coutumes non plus. L'histoire fait défaut.

EPILOGUE

La Galerie Nationale, en plein centre de Berlin-est ne reçoit plus guère, depuis ce mois d'octobre 1989, les cohortes d'élèves sages ou de brigades dociles qui l'ont pourtant, dans le passé, si souvent fréquentée. Celui qui néanmoins parcourt encore ces quelques salles pourra y suivre les marques vivantes des quelques quarante années écoulées. Les quatre périodes de la RDA (1945-1949, 1949-1961, 1961-1971, 1971-1989), s'y retrouvent et, avec elles, ce même souci de scander les oeuvres selon la respiration politique et d'aligner ainsi la création picturale sur la réalité officielle.

Aux premières heures, dominées par le spectre du nazisme, des camps de concentration, de la culpabilité et de la douleur absolue, succède l'ère des fondements. L'heure est au réalisme socialiste aux débuts balbutiants, dominé par le néo-réalisme italien, empreint de tristesse et de lassitude, mais d'où vont émerger les images triomphantes des foules réunies (à l'occasion du 1er mai, par exemple), des groupes au travail (ce sont d'abord les constructions des usines), des individus, tous absorbés dans l'effort, dans la discussion. Le peintre s'est fait travailleur parmi les travailleurs, messager de la bonne parole, acteur lui-même du nouveau monde. Il s'est rendu dans l'atelier pour y écouter les conseils, pour y comprendre la vraie vie et, copiant mot pour mot la sphère productive, les peintres se sont regroupés en brigade, architectes des principes de l'action collective.

Rompt-elle vraiment avec cette période, celle qui lui fait suite, quand le Mur aura dressé ses barbelés, ou bien ne fait-elle que porter à l'incandescence ce message du réalisme socialiste élaboré à la 1ère conférence de Bitterfeld, le 24 avril 1959 ? C'est à cette date précise que les spécialistes de l'art en RDA assignent un rôle fondateur. Le chemin qui y est dégagé à cette occasion est désormais "celui de l'union de l'art et de la vie, des artistes et du peuple"[1]. Le travail devient la valeur centrale, l'entreprise, le cadre de prédilection et les autres sujets prennent sens à l'aune de l'optimisme que le lieu de travail est censé dégager. "La tâche principale - écrit un critique d'art - c'est la représentation de la dialectique entre la personnalité et la communauté"[2]. Le brigadier, l'innovateur, l'homme du parti et même jusqu'à la carte du parti ont droit de cité, mieux, règnent en maîtres.

Là encore, nulle difficulté ne surgit s'il s'agit de situer les années 70 dans le prolongement des années 60. Cela même en dépit des déclarations faites dans la foulée du VIIIe congrès du SED, comme celle de ce critique pour lequel "nous sommes libres de l'illusion utopico-idéaliste d'une forme socialiste qui serait libérée des contradictions et qui s'élaborerait dans une harmonie paradisiaque"[3]. L'heure est ainsi à la prise en compte de la dure réalité et le discours sur les formes artistiques ne dépare en aucune manière le discours officiel central. Il en est le simple prolongement. La reconnaissance des contradictions, l'acceptation de certaines réserves vis-à-vis de la réalité quotidienne, tout ce qui caractérise l'époque inaugurée par l'accession de Honecker au sommet de l'organisation politique, l'art, dit-on, le fait sien. En d'autres termes, l'heure n'est plus aux seules louanges adressées au communisme réalisé. L'heure est à la critique, dans les limites autorisées, du socialisme en marche.

Et le visiteur de parcourir les salles où la lumière s'est faite plus crue, plus violente, où les sujets choisis apparaissent, il est vrai, moins didactiques, où les formes semblent échapper plus souvent à une contrainte étouffante. Pas d'excès, bien sûr, pas d'écart mais le sentiment qu'une insensible évolution parcourt, au sein d'une même trajectoire, la trame des oeuvres tolérées. Rien ne se perd dans des voies inédites, tout se laisse aisément désigner dans ces toiles, bourrées de références connues, de signes familiers.

---

1 "Kritik in der Zeit des Sozialismus". *Seine literatur-Ihre Entwicklung-Halle*, 1970, p. 550.

2 *Idem*, p. 78.

3 Sigfred BEUER in *Bildende Kunst*, 1974, heft 10, 1974, p. 507.

Mais dans cette promenade silencieuse, presque lasse, le regard s'arrêtera peut-être sur une absence de regard, sur un visage fermé, celui de "celle qui est récompensée"[1].

Une table traverse la toile par le milieu à hauteur du regard, si grande qu'on n'en voit pas la fin, recouverte d'une nappe blanche mais, elle, si courte qu'il a fallu en rajouter une autre, une seconde, et sur cette nappe, quatre fleurs en bouquet, placées en équilibre devant une femme "la récompensée", 50 ans, 60 ans, on ne sait pas bien, les yeux clos, la bouche close, les bras affaissés le long du corps, disparaissant dessous la nappe et sagement posés par terre, les deux pieds, chaussés de noir.

Derrière, un mur, couleur de vide. Et la femme qui ne dit rien.

> *L'idée de ce tableau* - a écrit un critique - *nous pose la question de savoir comment, en chacun de nous, dans la réalité de chaque poste de travail et à quel niveau, se situent les relations socialistes entre les hommes, indépendamment de la journée des femmes, en dehors du 1er mai*"[2].

Le critique parle pour un homme qui parle d'une femme qui ne dit rien. Le critique parle d'une idée, le peintre peint une réalité, la femme ressent on ne sait pas quoi. Idée des relations interhumaines. Idée d'une récompense, d'un jour de fête. Et le sentiment inquiétant qui rejaillit de ce tableau d'une vaste solitude, à cent lieues de l'intention projetée et des regards. Comme si celle qui est récompensée, celle qui ne dit mot, écoutait un discours que le peintre ne peut donner à voir, qui fut celui que l'on connaît ou bien un autre, et qui l'incite pourtant à fermer les yeux, à penser à autre chose, à rêver seulement de ce qui est, de ce qui fut et à ce que tout cela aurait pu être.

Berlin, Mai 1990

---

1 *Die Ausgezeichnete*, Wolfgang Mattheuer 1973-1974, huile 125/100 cm, Staatliche Museum in Berlin.

2 Peter H. FEIST, "Gegenwärtige Entwicklungsprobleme der sozialistischen Kunst (III)" in Kunsterzeihung 1975 heft 2, p. 4, cité par Lothar LANG, *Malerei und Graphik in der DDR*, Verlag Bücher Frankfurt-am-Main, 1980, 290 pages (c'est à cet auteur que nous avons emprunté ces dernières citations).

BIBLIOGRAPHIE

1. BIBLIOGRAPHIE GENERALE

1.1. Ouest

Systematische Bibliographie von Zeitungen, Zeitschriften und Büchern zur politischen und gesellschatlichen Entwicklung der SBZ/DDR seit 1945 Band 1. Geschichte und politisches System der SBZ/DDR, nicht kommunistische Länder aus der Sicht der DDR, deutsche Frage (Unter der Leitung von Hartmut ZIMMERMANN, bearbeitet von Walter VÖLKE und Christiana STUFF), Westdeutscher Verlag, Opladen 1986.

DDR-Handbuch, von A bis Z, (unter der Leitung von Hartmut ZIMMERMANN) Köln 2 Bände, 1985, 1660 pages.

1.2. Est

Lexikon der Wirtschaft (Arbeit, Bildung, Soziales), Verlag Die Wirtschaft, Berlin, 1982, 996 pages.

Kulturpolitisches Wörterbuch, Dietz Verlag Berlin, 1978, 904 pages.

Wörterbuch der marxistisch-leninistischen Philosophie, Dietz Verlag Berlin, 1989, 616 pages.

Wörterbuch der Ökonomie des Sozialismus, Dietz Verlag Berlin, 1989, 1086 pages.

2. OUVRAGES GENERAUX SUR LA RDA (OUEST)

Deutschland Handbuch, Eine doppelte Bilanz 1949-1989, (herausgegeben von Werner WEIDENFELD, Harmut ZIMMERMANN) Bundeszentrale für politische Bildung, Band 275, 860 pages.

Die SED in Geschichte und Gegenwart, (herausgegeben von Ilse SPITTMANN) Ed. Deutschland Archiv, Köln, 1987, 255 pages.

R. RYTLEWSKI, M. OPP DE HIPT, *Die DDR in Zahlen (1945-1949) 1980*, Verlag C-H Beck, 1987, 182 pages.

Dietrich STARITZ, *Kleine Geschichte der DDR*, München.

Herman WEBER, *Geschichte der DDR*, DtW Wissenschaft, München, 1985, 540 pages.

3. DOCUMENTS GENERAUX SUR LE PARTI ET LES SYNDICATS DE LA RDA (Est)

- *Dokumente zur Geschichte der SED*, Dietz Verlag Berlin, 186 (Band 2, 1945-1971, 360 pages et Band 3, 1971-1986, 499 pages).

- *Geschichte der SED (Abriss)*, Dietz Verlag Berlin, 1978, 676 pages.

- *Zur Gewerkschaftspolitik der SED*, Dokumente, Tribüne Verlag Berlin, 1986, 532 pages.

- *Erich HONECKER, Entwickelter Sozialismus und Gewerkschaften (Aus Reden und Schriften)*, Tribüne Verlag Berlin, 1984, 424 pages.

4. ECONOMIE ET ORGANISATIONS INDUSTRIELLES

4.1. Ouest

Katharina BELWE, *Mitwirkung im Industriebetrieb der DDR (Planung - Einzelleitung - Beteiligung der Werktätigen an Entscheidungsprozessen des VEB)*, Westdeutscher Verlag Berlin, 1979, 245 pages.

Wolfgang GÖSSMANN, *Die Kombinate in der DDR*, (Eine wirtschaftsrechtliche Untersuchung, Berlin Verlag, Arno Spitz, 1987, 296 pages.

4.2. Est

Jörg ROESSLER, *Die Herausbildung der sozialistischen Planwirtschaft in der DDR*, Akademie Verlag Berlin, 1978, 355 pages.

Wirtschaftsrecht (Lehrbuch) (Autorenkollektiv unter Leitung von Uwe-Jens HEUER) Staatsverlag der DDR, Berlin, 1985, 582 pages.

5. 1945-1961

5.1. Est

Irene ADAMSZYK, Günter PFEFFEL, *Die bahnbrechende Tat Adolf Henneckes. Ihre Resonanz und Bedeutung in der DDR.* Die ersten Jahren, Dietz Verlag Berlin, 1969.

Horst BARTHELL, *Zur wirtschaftlichen Entwicklung auf dem Gebiet der DDR, (1945-1949-1950)*, Akademie Verlag Berlin, 1978, 245 pages.

id., "Der schwere Anfang. Aspekte der Wirtschaftspolitik der Partei der Arbeiterklasse zur Überwindung der Kriegsfolgen auf dem Gebiet der DDR von 1949 bis 1948-1949" in *Jahrbuch für Geschichte*, Band 16, pp. 253-282.

id., *Adolf HENNECKE, Beispiel und Vorbild*, Berlin, 1979, 75 pages.

Gottfried DITTRICH, "Die bewusste planmässige Gestaltung einiger Prozesse der sozialistischen Entwicklung der Arbeiterklasse in der DDR (1949 bis 1955)" in *Jahrbuch der Geschichte*, Band 11, 1974, pp. 169-211.

id., *Die Anfänge der Aktivisten-Bewegung*, Dietz Verlag Berlin, 1987, 206 pages.

Waltraud FALK, *Kleine Geschichte einer grossen Bewegung*, Dietz Verlag Berlin, 1966, 324 pages.

A. HUFFER, H. MUACH, "Zur Entwicklung der Aktivisten, des Wettbewerbs und der Neuererbewegung im Bezirk Karl Marx-Stadt von der Tat Adolf Henneckes bis zum Wilhelm-Pieck Aufgebot (1948-1955)" in *Wissentschaftliche Zeitschrift der Technischen Hochschule Karl-Marx-Stadt*, Jahrgang XVIII Heft 2, pp. 169-176.

Werner KRAUSE, *Die Entstehung des Volkseigentums in der Industrie der DDR*, Berlin, 1958.

Johanna JAWINSKY, "Die Herausbildung der Jungaktivistenbewegung im Mecklenburg (1945-1949)" in *Wissenschaftliche Zeitschrift der Universität Rostock*, 1961, Haft 2, pp. 175-214.

Henri MATTHES, *Das Leitungsprinzip als Grundlage der Entlohnung in der volkseigenen Wirtschaft*, Berlin, 1984.

Helmut NEEF, *Entscheidende Tage im Oktober 1949, die Gründung der DDR*, Dietz Verlag Berlin, 1984, 199 pages.

Peter NETTL, *Die deutsche Sowjetzone bis heute. Politik Wirtschaft, Gesellschaft*, Frankfurt-am-Main, 1953.

Carola STERN, *Porträt einer bolschewistischen Partei. Entwicklung, Funktion und Situation der SED*, Köln, Berlin, 1957.

Zur Wirtschaftspolitik der SED (Band I, 1945 bis 1949) Unter der Leitung von H. MÜLLER, (Akademie der Wissenschaften), Dietz Verlag, 1984, 280 pages.

Opuscules parus dans le cadre de la Bibliothèque des Activistes et dont la plupart sont directement tirés d'originaux soviétiques

Ehre unseren Besten (die Entwicklung der Aktivisten und Wettbewerbsbewegung in der DDR), Bibliothek der Aktivisten, 1951, 40 pages.

N. FEDEROWITCH, *Auf dem Weg zum Stachanovbetrieb*, Bibliothek der Aktivisten, 1950.

F. FUGGER, *Was lehrt Stalin die deutschen Aktivisten*, die Freie Gewerkschaft, Berlin, 1949, 88 pages.

A. HENNECKE, *Die Aktivisten zeigen den Weg*, Bibliothek der Aktivisten, Berlin Dietz Verlag, 1947.

K. KUHN, *Stachanov und Hennecke*, 1949, Bibliothek der Aktivisten, 1950, 22 pages.

Jekaterina SEDOWNA, *Störungsfreie Fliessenarbeit*, Berlin, Bibliothek der Aktivisten, 1951, 31 pages.

W. STEPANOW, *Die Parteiorganisation im Kampf für Stachanovbetrieb*, Bibliothek der Aktivisten, 1952, 61 pages.

D. STIURWALJOW, *Der Agitator als Agitator des Wettbewerbs*, Bibliothek der Aktivisten, 1951, 60 pages.

F. STREMMANN, *Wir werden die besten Stoffe für Dich*, Bibliothek der Aktivisten, 1951, 36 pages.

N. TCHERNIAK, *Pareiorganisation und sozialistischer Wettbewerb (Aus der täglichen Arbeit eines Moskauer Betriebs)*, Bibliothek der Aktivisten, 1950, 32 pages.

J. TROJAN, *So wurden die Normen übererfüllt*, Bibliothek der Aktivisten, 1951, 41 pages.

5.2. Ouest

Axel BUST-BARTELS, *Herrschaft.-Widerstand in den DDR-Betrieben*, Campus Forschung Frankfurt-am-Main/New York. 1980, 284 pages.

Karl-Wilhelm FRICKE, *Politik und Justiz in der DDR (Zur Geschichte der politischen Verfolgung 1945-1948)*, Köln, Verlag Wissenschaft und Politik, 1979, 624 pages.

Alfred LEUTWEIN, *Die technische Intelligenz in der SBZ (Bonner Berichte aus Mittel-und Ost-Deutschland)*, Bonn, 1953, 56 pages.

id., *Der Betriebskollektivvertrag in der SBZ (Bonner Berichte aus Mittel und Ost Deutschland)*, Bonn, 1957, 112 pages.

Fred KLINGER, "Die Brigaden der sozialistischen Arbeit im Kontext des "Syndikalismus", Kritik", in : *Der X Parteitag der SED, 35 Jahre SED Politik, Versuch einer Bilanz*, Deutschland Archiv, op. cité, pp. 75-82.

Werner MATSCHKE, *Die industrielle Entwicklung in der SBZ 1945 bis 1948*, Berlin Verlag Arno Spitz, 1988, 389 pages.

Benno SAREL, *La classe ouvrière en Allemagne orientale* (avec une préface de Pierre NAVILLE), Ed. du CNRS, 1957.

Ilse SPITTMANN, Karl-Wilhelm FRICKE, (Herausgegeber) *17. Juni 1953. Arbeiteraufstand in der DDR*, Ed. Deutschland Archiv. 1982, Köln, 224 pages.

Dietrich STARITZ, *Sozialismus in einem halben Land. Zur Programmatik und Politik der KPD/SED in der Phase der antifaschistisch-demokratischen Umwälzung in der DDR*, Berlin,

id., "Die Arbeiterkomitees der Jahre 1956-1958. Fallstudie zur Partizipation, in der DDR", in : *Der X. Parteitag der SED. Versuch einer Bilanz*, Deutschland Archiv, 1981, 184 pages (pp. 63-74.

Siegfried SUCKUT, *Blockpolitik in der SBZ/DDR, (1945-1949)*, Verlag Wissenschaft und Politik, Köln, 1986, 640 pages.

id., *Die Betriebsrätebewegung in der SBZ (1945-1948)*, Frankfurt-am-Main, 1982.

6. L'ERE HONECKER

6.1. Ouest

Gunter ERBE, *Politik, Gesellschaft und Wirtschaft in der DDR (Hsg)*, Studientexte für die politische Bildung, Opladen, 1980.

Die Ära Honecker (Herausgegeber Gert-Joachim GLAESSNER) Westdeutscher Opladen Verlag, 1989, 678 pages.

Gert-Joachim GLAESSNER, *Herrschaft durch Kader*, Opladen, 1977.

Gero NEUGEBAUER, Partei und Staatsappparat in der DDR. Aspekte der Instrumentalisierung des Staatsapparates durch die SED, Opladen, 1978.

Dieter VOIGT, *Die Sozialstruktur der DDR. Eine Einführung*, 1987.

Hartmut ZIMMERMANN, *The GDR in the 1970's, Problem of communism*, March-April 1978, pp. 1-40.

id., "Aspekte betrieblicher Mitwirkung in den volkseigenen Industriebetrieben der DDR", 39 pages (in *Betrieb und Partizipation in Europa*, herausgegeben Hans-Erich GRAMATZKI und Hans G. NUTZINGER, Campus Verlag, Frankfurt-am-Main/New York, 1986.

id. "Problem der Mitbestimmung in der DDR", in *Kommunität Vierteljahrhefte der Evangelischen Akademie*, Berlin, 17 jg. 1973, n° 65, pp. 4-18.

6.2. Est

Leistungsverhalten bei der Durchsetzung des wissenschaftlich-technischen Fortschritts (WITAL, 1983) Herausgegeben von Rudi WESTKOPF, 1986, 2 Bände 192 et 136 pages).

Aktuelle Probleme der Organisierung und Führung des sozialistischen Wettbewerbs. Erfahrungsaustausch, FDGB, Verlag Tribüne Berlin, 1974, 141 pages.

Wettbewerb und Wirtschaftstrategie (Autoren kollektiv), Verlag Tribüne Berlin, 1988, 72 pages.

Sozialistischer Wettbewerb und umfassende Intensivierung, Abhandlung der Akademie der Wissenschaft, (Autorenkollektiv), 1986, 103 pages.

H. FELGENTREU, G. SÖDER, *Sozialistischer Wettbewerb und Macht*, Berlin, 1974, 32 pages.

Wolfgand HILLER, "Die Entwicklung der Arbeiterklasse im sozialistischen Wettbewerb", in *Wissentschaftliche Zeitschrift der Humboldt Universität, Gesellschaft und Sprachwissenschaft*, 1970, Heft 4, pp. 487-501.

S. LAPINA, D. ROTTMANN, "Der Wettbewerb als Methode zur Leitung sozialer Prozesse", in *Wissenschaftliche Zeitschrift Humboldt Universität*, Berlin, 1985, Heft 8, pp. 680-683.

Hans THALMANN, "Der Wettbewerb und die Neuererbewegung in der DDR", in *Wissenschaftliche Zeitschrift der Karl Marx Universität*, Leipzig, 1959, pp. 759-776.

Otto VOIGT, "Zur historischen Entwicklung des sozialistischen Wettbewerbs in der DDR", in *Wissenschaftliche Zeitschrift der Universität Halle*, 1979, XXVIII, heft 4, pp. 67-75.

Documents ("littérature grise" traitant de l'émulation socialiste en RDA accessibles à l'Institut de sociologie (ex marxiste-léniniste) de l'Université Humboldt, à l'Ecole supérieure d'économie (ex Bruno Leuschner) et à l'Ecole supérieure des syndicats (ex Fritz Eckertt)

G. AULERICH, *Die Informierung im Industriebetrieb als eine Bedingung für die Mitwirkung der Werktätigen an der Gestaltung ihrer materiell-technischen Arbeitsbedingungen*, Humboldt Universität, 1986, 86 pages + annexes.

Anna-Maria BAIER, *Fachliches und gesellschaftliches Engagement von Hoch - und Fachschulabsolventen Ingenieur - technischen fachrichtungen und produktionsvorbereitenden Bereichen von Industriebetrieben der DDR. Ergebenisse einer soziologischen Erhebung*, Humboldt Universität, 1986, 91 pages + annexes.

Erich DREYER, *Probleme der Wettbewerbsführung und Organisation bei der Verwirklichung der Leninschen Prinzipien in Betrieben und Kombinaten*, Dresden Technische Universität, Dissertation A, 1983, 181 pages.

Gabrielle ETERMANN, *Die gewerkschaftliche Mitwirkung bei der zielgerichteten Gewinnung und des ökonomisch effektiven und sozial adäquaten Wiedereinsatzes der Arbeitskräfte für das Intensivierungsvorhaben "1000 Millimeter-technik", untersucht im VEB Halbleiterwerk*, Frankfurt, Nov-Dez 1987, Hochschule für Gewerkschaft Bernau.

S. GROCHLA, *Das Zusammenwirken der Gewerkschaften im Betrieb mit der staatlichen Leitung zur Festigung der sozialistischen Arbeitsdisziplin (untersucht im VEB Petrochemisches Kombinat Schwedt)* Bernau, Hochschule für Gewerkschaft, 1988, 29 pages + annexes.

H. GORLICH, *Sozialistischer Wettbewerb in bezirksgeleiteten Kombinaten. Studie für Entwicklung des sozialistischen Wettbewerbs im VEB Industriebedarfszeugnisse*, Berlin, Humboldt Universität, 1986, 59 pages.

Bettina HINSE, *Die Mitwirkung der Gewerkschaften bei der Gewinnung und dem Wiedereinsatz von Arbeitskräften, im Prozess der sozialistischen Rationalisierung aus sozialer Sicht, untersucht im Betrieb Schwermaschinenbaukombinat Ernst THÄLMANN*, Magdeburg, Stammwerk, 1988, 28 pages.

Erich JAHN, *Planaufschlüsselung im Betrieb*, Dissertation A, Hochschule für Ökonomie, 1974, 220 pages.

Angelika KETTER, *Aufgaben der Wettbewerbsführung zur Beschleunigung der Erzeugniserneuerung, untersucht in Kombinaten der Lebensmittelindustrie*, Dissertation A, Hochschule für Ökonomie, 1988.

Angela KIRSCHNER, *Die Mitwirkung der gewerkschaftlichen Leitungen und Vorstände im Prozess der Gewinnung und des effektiven Wiedereinsatzes von Arbeitskräften. Die Lösung sozialer Probleme im Zusammenwirken mit dem Territorium, untersucht im VEB Treffmodelle*, Berlin, 1987, 32 pages + annexes, Hochschule für gewerkschaft Bernau.

Leon KIRSCHNER, *Vertrauensleute und Gewerkschaftsarbeit (Bericht über eine politikwissenschaftliche Untersuchung in der Betriebsgewerkschaftsorganisation des VEB Narva Rosa Luxemburg*, Berliner Glühlampenwerk, Humboldt Universität,1989, 37 pages + annexes

Angelika KÖLLER, *Das Einbeziehen der WAO - Aufgaben im sozialistischen Wettbewerb. Hauptform der Einflussnahme der Werktätigen auf die WAO*, Humboldt Universität, 1980, 54 pages.

Nicole KÜHNEL, *Aufgaben und Probleme der Qualifizierung des sozialistischen Wettbewerbs unter Berücksichtigung von Kooperationsbeziehungen (untersucht im VEB Elektro-Kohle Berlin-Lichtenberg)*, Hochschule für Ökonomie, 1988, 29 pages + annexes.

Bärbel LEUTHOLD, *Die Mitwirkung der gewerkschaftlichen Leitungen und Vorstände bei der Lösung ausgewählter sozialer Probleme im Prozess der Gewinnung von Arbeitskräften und ihres effektiven Wiedereinsatzes, untersucht im VEB Oberlausitzer Textilbetrieb, Teilbetrieb Zittau*, Nov-Dez. 1987, Hochschule für Gewerkschaft Bernau.

Hans-Joachim MAAS, *Die gewerkschaftliche Einflussnahme auf die Gewinnung von Arbeitskräften für Kaufhallen unter dem Aspekt der Formierung neuer Arbeitskollektive, untersucht im VEB Waren Täglicher Bedarf (WEB-WTB)*, Berlin, Betriebsteil HO WtB Marzahn, Juni 1987, Hochschule für Gewerkschaft Bernau.

Artur MAIER (und alii), *Die soziale Realität der Einführung neuer Technologien. Vier Fallstudien aus Berliner Betrieben*, Humboldt Universität, 1989, 75 pages.

G. PANNIER, *Neue wissenschaftliche und praktische Erkenntnisse zur Entwicklung der schöpferischen Masseninitiative der Werktätigen mit dem Schwerpunkt des sozialistischen Wettbewerbs und ihrer Anwendung auf den Betrieb VEB Kohlenhandel*, Berlin, Hochschule für Ökonomie, 1983, 40 pages.

G. SCHAEFFER, *Die gesellschaftlichen, ökonomischen und sozialen Wirkungen des sozialistischen Wettbewerbs im VEB Berliner Bremsenwerk, Wettbewerb unter besonderer Berücksichtigung der Haushaltsbuchführung und Ableitung von Schlussfolgerungen zur weiteren Qualifizierung der Wettbewerbsführung*, Berlin, Hochschule für Ökonomie, 1983; 82 pages.

Andrea SCHMIDT, *Gewerkschaftliche Aufgaben und die Einflussnahme der gewerkschaftlichen Leitungen im Prozess der Gewinnung und des effektiven Wiedereinsatzes der Arbeitskräfte im Industrieroboterzentrum "Rota F" im VEB Magdeburger Armaturenwerke "Karl Marx"*, Juni 1987, Hochschule für Gewerkschaft Bernau.

Helga SCHULZ, *Die Mitwirkung der Gewerkschaften bei der Gewinnung und dem Wiedereinsatz von Arbeitskräften im Prozess der sozialistischen Rationalisierung aus sozialer Sicht, untersucht im VEB Schwermaschinenbau Lauchhammenwerk*, oct. 1987, 34 pages + annexes, Hochschule für Gewerkschaft Bernau.

Bettina SCHWARZ, *Wirtschaftsorganisatorische Veränderungen und ihre Wirkung auf die Leitungsstruktur und die Stellung und Funktion von Leitern. Fallstudie im VEB Kombinat Industriebedarfserzeugnisse*, Berlin, Humboldt Universität, 1986, 76 pages.

Christine SELKE, *Die Lösung sozialer Probleme bei der Gewinnung von Arbeitskräften und ihrem effektiven Wiedereinsatz durch den Betrieb im Zusammenwirken mit dem Territorium. Die Mitwirkung der gewerkschaftlichen Leitungen und Vorstände in diesem Prozess, untersucht im VEB Keifenwerk Neubrandenbureg*, 1986, 32 pages + annexes, Hochschule für Gewerkschaft Bernau.

Karel SIDOW, *Die Mitwirkung der Gewerkschaften bei der Gewinnung und dem Wiedereinsatz von Arbeitskräften im Prozess der sozialistischen Rationalisierung aus sozialer Sicht, untersucht im VEB Elektromotorenwerk Dessau, Betriebsteilwardersee*, 1988, 31 pages + annexes, Hochschule für Gewerkschaft Bernau.

Helga STREUBEL, *Aufgaben der gewerkschaftlichen Leitungen im Prozess der Gewinnung und des effektiven Wiedereinsatzes der Arbeitskräfte und die sich daraus ergebenden wesentlichsten sozialen Probleme im VEB Arzneimittelwerk Dresden Stamm-Betrieb des VEB Pharmazeutisches Kombinat*, juni 1987, 37 pages + annexes, Hochschule für Gewerkschaft Bernau.

Sigried WRONSKI, *Anforderungen an die Zusammenarbeit zwischen Betrieb und Territorium bei der Einführung der Mehrschichtarbeit und der Gestaltung der Arbeit und Bedingungen der Schichtarbeiter, untersucht im Bezirkskrankenhaus Potsdam*, Dez 87-Jan 88, 32 pages + annexes, Hochschule für Gewerkschaft Bernau.

Vera ZITZ, *Die Übereinstimmung von gesellschaftlichen und persönlichen Interessen im sozialistischen Wettbewerb*, Humboldt Universität, 1977, 36 pages.

En français

Gert-Joachim GLAESSNER, *Le pouvoir bureaucratique, solution des conflits en RDA*, (Etude n° 13 du projet de recherche dirigé par Zdenek MLYNAR , *Les crises des systèmes de type soviétique*), Köhl, 1986, 61 pages.

Kurt SONTHEIMER, Wilhelm BLEEK, *La République Démocratique Allemande*, Armand Collin, Collection U, 1975, 223 pages.

"La RDA durant l'ère Honecker, 1971-1989" (sous la responsabilité de François BAFOIL), *Revue d'Etudes Comparatives Est-Ouest*, Ed. CNRS, vol. XX, 1989-4, 175 pages.

Table des matières

592239 - Décembre 2014
Achevé d'imprimer par

1livre.com
du rêve à la réalité !